Maria Schwarz
Architektin und Bewahrerin
Zum 90. Geburtstag

T0166130

Agatha Buslei-Wuppermann
(Hrsg.)

**Maria Schwarz
Architektin und Bewahrerin
Zum 90. Geburtstag**

Umschlagabbildung:

Titelmotiv: Porträt Maria Schwarz, Tuschezeichnung
von Wilhelm Buschulte, November 1990.
Archiv Agatha Buslei-Wuppermann

Die Abbildungen stammen, soweit nicht anders
angegeben, aus dem Archiv der jeweiligen Autoren.

Gefördert vom Verein Ausstellungshaus für christliche
Kunst e.V. München

Verein Ausstellungshaus für christliche Kunst e.V.

Bibliografische Information der Deutschen Nationalbibliothek: Die Deutsche Nationalbibliothek verzeichnet
diese Publikation in der Deutschen Nationalbibliografie;
detaillierte bibliografische Daten sind im Internet über
<http://dnb.dnb.de> abrufbar.

1. Auflage 2016
© 2016 Verlag Schnell & Steiner GmbH,
Leibnizstr. 13, D-93055 Regensburg
Umschlaggestaltung: Dr. Agatha Buslei-Wuppermann
Satz: typegerecht, Berlin
Realisation und Gestaltung der Sonderedition 2011:
Dr. Agatha Buslei-Wuppermann mit freundlicher
Unterstützung der Kunstakademie Düsseldorf
Druck: Hubert & Co, Göttingen

ISBN 978-3-7954-3053-5

Weitere Informationen zum Verlagsprogramm erhalten
Sie unter: www.schnell-und-steiner.de

Inhalt

Maria Schwarz und Hannelore Deubzer 2006

Loyalität und Selbstbehauptung
Maria Schwarz zum 90. Geburtstag

Wenn Maria Schwarz einen entsprechenden Beitrag verfasste, wie ich ihn jetzt schreibe, wüsste ich, was sie täte. Sie würde eines der vier Bücher ihres Mannes aufschlagen, die dank ihrer Initiative alle wieder aufgelegt wurden. Oder sie würde zu einem der vielen Aufsätze von Rudolf Schwarz greifen, die in ihrem Müngersdorfer Archiv wohlgeordnet stehen und hätte bald ein zitierbares Wort dieses wortgewaltigen Baumeisters gefunden. Vielleicht dieses hier: „Baukunst nämlich entsteht nur aus dem Gemeinsamen". Oder: „Nichts scheint mir unserer Kunst und uns Baumeistern selbst so gefährlich zu sein wie der Kult der Namen, denn der rechte Bau soll in den Bau hinein verschwiegen und vergessen werden, alles andere ist abwegig."

Das sind anspruchsvolle und, gestehen wir es, gegenwartsferne Worte. In ihnen erscheint das Architektenbüro wie eine inspirierte Werkgemeinschaft, eine zeitgenössische anonyme Bauhütte. Natürlich trug sie auch damals einen Namen, Rudolf Schwarz, denn wir leben nicht mehr im Zeitalter der unbekannten Meister. In die Werkstatt des Stadtplaners, Architekten und Architekturdenkers trat die junge, aus Aachen stammende Architektin Maria Lang 1949 ein, zwei Jahre später heirateten sie. Schwarz hatte damals bereits ein bedeutendes gebautes und geschriebenes Werk geleistet. Wenn man dem Schwarz jener Jahre eine, nur eine vorherrschende Eigenschaft zuschreiben wollte, so könnte sie „Autorität" heißen. Wenn man Maria Schwarz als Architektin wie als Hüterin seines Werks eine nur eine wesentliche Eigenschaft zuschreiben müsste, so könnte sie „Treue" lauten.

Es gibt eine Zeichnung von Maria Schwarz, auf der eine junge Frau dargestellt ist. Sie blickt zu einer übergroßen Gestalt auf, die unverkennbar die Züge von Rudolf Schwarz trägt und einen langen Schatten wirft. Eine Karikatur, natürlich, lustig übertrieben, aber doch auch eine, in der ein kleiner Kern von Realität steckt, so wie in einem großen Glück auch der Ansatz zu seinem Gegenteil verborgen sein kann. Maria Schwarz hat es zu spüren bekommen. Nach dem Tode ihres Mannes im Jahre 1961 galt es, nicht weniger als zehn große Kirchen zu Ende zu führen. Bei einigen von ihnen lag nur eine Skizze, eine Idee vor, die erst in einen Plan zu überführen war. Aufträge wurden nach dem Tode von Schwarz dann nicht storniert, wenn einzig der Name Rudolf Schwarz auf den Plänen stand. Die Bauherren wollten sicher sein, ein originales, wenn auch posthumes Werk allein aus der Hand des Meisters zu erhalten. Ein zweiter Name als Partner, der seiner Frau, hätte die Realisierungschancen zerstört. Auch später kam nie einer der kirchlichen Bauherren auf den Gedanken, bei Maria Schwarz, bei einer Frau, eine Kirche in Auftrag zu geben. Kirchenbau war Männersache.

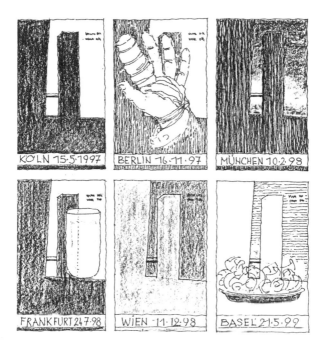

Maria Schwarz, 2001. Variationen des Schutzumschlags von: Wolfgang Pehnt, Rudolf Schwarz, Architekt einer anderen Moderne; Werkverzeichnis Hilde Strohl. Ostfildern, 1997. Das Titelmotiv diente auch als Motiv für die Plakate der Schwarz-Ausstellung 1997–2000. Berlin: bandagierter Zeigefinger des Eröffnungsredners. München: weißblauer Himmel hinter St. Fronleichnam. Frankfurt: Äppelwoi bei der Ausstellungseröffnung. Wien: die blaue Donau als Hintergrund. Basel: Festmahl am Eröffnungsabend

31. 12. 99

Liebe Antje, lieber Wolfgang

Nun stehe ich vor einem grossen Problem da es Sitte u. Anstand gebieten, dass ich mir für VICENZA einen HUT anschaffen muss. Mit Hilde diskutierte ich das Thema schon ein mal – aber meine Unentschlossenheit ist grenzenlos. So führe ich die bisherigen Modelle denn ein mal vor – es mag sein, dass für Antje etwas Passendes dabei ist, so es nicht zu sehr auf meinen zarten Knollentyp angedacht ist.

1.) Das apfelgrüne
    Hütchen

DIE NEUE BESCHEI-
DENHEIT

2.) Mehr in
    Birnengelb

Porlmoderne
a. la.
Egelspfad

Maria Schwarz an Antje und Wolfgang Pehnt, 31.12.1999.
Sorge um die richtige Kopfbedeckung bei der Eröffnung
der Ausstellung in Vicenza

Den Konflikt zwischen Loyalität und Selbstbehauptung, zwischen dem Verschwinden im Werk eines anderen, wenn auch geliebten Menschen und der eigenständigen Kraft, die fünfzig Jahre Berufspraxis nach Rudolf Schwarz erforderten, hat die Architektin bravourös durchstanden. Das Werk ihres Mannes, das auch ein gemeinsames Werk war, hat sie mit Löwenmut verteidigt. Ohne ihren jahrelangen Kampf stünde in Frankfurt die Paulskirche nicht mehr in der bescheidenwürdigen Gestalt, die ihr Schwarz und seine damaligen Partner 1948 gegeben hatten, sondern als Rekonstruktion des Zustandes aus dem neunzehnten Jahrhundert. Retrokultur war schon damals angesagt. Die Restaurierung durch Maria Schwarz in den frühen 1980er Jahren ist bei aller Treue zum Entwurf der Wiederaufbaujahre eine Leistung eigenen Ranges.

Wo immer den Schwarz-Bauten Gefahr drohte, war Maria zur Stelle. Sie organisierte Öffentlichkeit, sorgte dafür, dass die Bauten unter Denkmalschutz kamen, mobilisierte die Presse, schlug Nutzungen vor, die ihnen das Leben retteten. Dass der Kölner Gürzenich bei seiner Restaurierung in den 1990er Jahren mit einem Minimum an Einbußen davon kam, ist ihr zu danken. Den Abbruch der letzten Kirche von Schwarz, von St. Raphael in Berlin-Gatow im Jahre 2005, hat sie auch als persönliche Niederlage empfunden. Das negative Echo, das diese Vandalentat in der Öffentlichkeit fand, hat hoffentlich künftige Zerstörungen bedeutender

Bausubstanz erschwert. So leicht werden die Entscheidungsträger nicht noch einmal einen ähnlichen Aufruhr riskieren.

Ich denke, jeder Mensch, von dem wir uns ein Bild gemacht haben, zeigt viele Ansichten, sobald wir ihm näher kommen. Dass jedes Ich viele Ichs ist, haben uns die Psychologen und Lebensberater inzwischen deutlich gemacht. Wer Maria Schwarz bei ihren öffentlichen Auftritten erlebt, sieht vor sich eine Sprecherin, die ihr Auditorium fest im Griff hat; die für ihre Themen und nicht zuletzt für ihre Person Sympathie einsammeln kann; die weiß, was sie durchsetzen will und wie sie es durchsetzen kann; die Humor hat, ihre Pointen zu setzen weiß und die Lacher auf ihrer Seite hat. Die Mühsal, die ihr öffentliche Äußerungen machen, ahnt er nicht, auch nicht die Skrupel, die Zweifel und das Lampenfieber. In den zehn entscheidenden Jahre ihres Lebens an der Seite von Schwarz kamen die Entscheidungen aus der Gemeinsamkeit der Überzeugungen. Seit 1961, seit dem Tode von Schwarz, musste sie die Verantwortung für die Bauten und für die eigenen Entwurfsentscheidungen allein tragen.

Ein wenig habe ich in den letzten Jahren mitbekommen, wie verantwortungsbewusst, wie bedacht auf kritische Unterstützung, wie skrupulös sie auch Aufgaben angeht, die dem Laien klein erscheinen: Taufbecken, Priestersitz, Ambo, Leuchter, jeweils für bestimmte Kircheninterieurs und auf sie bezogen. Orgelprospekte, wie

Antje und Wolfgang Pehnt

4.1.2000

Liebe Maria,

wie kannst Du mir im Zweifel sein: Eine Architektin trägt natürlich einen Architek-

tenhut wie diese Herren Kollegen bei einem New Yorker Kostümball um 1930. Worin hat Hilde einen so gründlichen Werkkatalog gemalt? Die Paulskirchen-Kuppel z.B. würde Dir prächtig stehen, mit dem Oberlicht zur Ventilation.

Herzlichst Wolfgang

Wolfgang Pehnt an Maria Schwarz, 4.1.2000. Ermutigung, sich vom Kostümball New Yorker Architekten anregen zu lassen

15

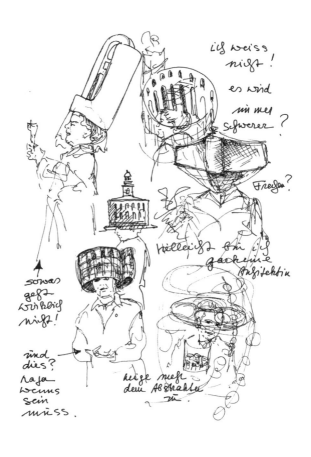

Maria Schwarz an Wolfgang Pehnt, Januar 2000.
Hutentwürfe mit Motiven aus dem Werk von Rudolf Schwarz

sie deren mehrere entworfen hat – so für St. Maria im Kapitol oder St. Andreas, beide in Köln –, sind im Vergleich dazu schon gewaltige Gehäuse. Wohl kaum einer dieser Entwürfe entstand auf Anhieb und ohne Varianten. Sie wurden und werden jeweils in den folgenden Tagen und Wochen geprüft auf ihre Stimmigkeit, auf die Verträglichkeit mit dem Raum, für den sie gedacht waren, mit Freunden diskutiert, verworfen und wieder hervorgeholt. Zumindest der junge Rudolf Schwarz hatte es sich übrigens mit scheinbar kleinen Aufgaben ähnlich schwer gemacht. Der Abendmahlskelch, den er ganz am Anfang seiner Karriere für Burg Rothenfels am Main, den Sitz der katholischen Jugendbewegung entworfen hat, bedeutete für ihn seine erste „Kirche", nicht weniger als das.

Ich ist Mehrere. Wer in den Aufsätzen von Maria Schwarz ihre im hohen, ernsten Ton gehaltenen Äußerungen über das Licht, über das rechte Maß, über das harmonische Raumbild, über die „umhürdete Weltmitte" gelesen hat, sollte nicht denken, dass sie in anderen Augenblicken ihres Lebens des herrlichsten Unsinns fähig ist. Im Gespräch unter Freunden erfindet sie imaginäre Personen, deren Schicksale sie über Jahre hinweg weiterdichtet. Faxe, die sie an Vertraute verschickt, sind mit Zeichnungen von umwerfender Komik geschmückt, die übrigens auch ihre große Zeichenkunst verdeutlichen. Es gibt eben Menschen, die Adalbert Stifter, den Dichter der Langsamkeit, lieben und zugleich einen wie den britischen Satiriker und Krimiautor Gilbert Keith Chesterton. Maria Schwarz gehört zu ihnen.

Überraschen kann sie auch in ihren architektonischen Vorlieben. Die großen Designvirtuosen von Le Corbusier bis Frank O. Gehry haben keine Chance bei ihr, verstoßen sie doch gegen ihre Regeln der „einfachsten Gestalt" und der konstruktiven Vernunft. Schon das Wort „Design" verabscheut sie. Und dann kommt sie aus Lüttich zurück und ist begeistert nicht nur von dem großartigen bronzenen Taufbecken des Reiner von Huy aus der Bartholomäuskirche, frühes 12. Jahrhundert, sondern fasziniert auch von der sensationellen Beton- und Stahlkonstruktion der Bahnhofshalle, beginnendes 21. Jahrhundert. Sie stammt von einem anderen Formenvirtuosen und Architekturstar, von dem spanischen Architekteningenieur Santiago Calatrava. Da spielt dann keine Rolle, dass das Gewölbe eigentlich in der falschen Richtung gespannt ist, nämlich über die viel längere Achse des Gleisverlaufs statt über die kurze Querachse. Aber der Bau ist leicht, schwerelos, man sieht die Kräfteverläufe, er befriedigt das Schönheitsverlangen in uns. Wenn es nach ihr ginge, würde Calatrava eine Skulptur, einen Turm oder was auch immer vor das Museum für Angewandte Kunst stellen, vor einen Rudolf-Schwarz-Bau also. Das ist ein Kompliment, wie sie kein größeres aussprechen kann.

Sie habe ein erfülltes, glückliches Leben geführt, versichert Maria Schwarz glaubhaft.

Bauen war ihr früher Lebenswunsch, sie hat ihn sich erfüllt. Für Menschen da zu sein, war ein anderer: Sie hat in der Psychotherapie einer Klinik für multiple Sklerose geholfen, sich im Sozialdienst Katholischer Männer für Obdachlose eingesetzt, ausländische Krankenschwestern in ihrem Hause aufgenommen. Die Befriedigung eines weiteren Lebenswunsches seit ihrer Studien- und Assistentenzeit an der Technischen Universität Aachen, bei Hans Schwippert und René von Schöfer, war ihr noch im hohen Alter vergönnt. Mehr als ein Jahrzehnt lang hat sie an der TU München über Kirchenbau das gelehrt, was daran zu lehren ist. Semester um Semester reiste sie von Köln nach München, korrigierte Entwürfe, veranstaltete Exkursionen und wurde, nach allem was ich weiß, von ihren Studenten geliebt.

Manchmal beneide ich die jungen Leute, die bei ihr hören konnten. Freilich darf ich mich nicht beklagen. Wenn ich schon nicht zu ihren Schülern zählen konnte – das haben unser beider biografische Daten verhindert –, so hat sie mich seit unserer Zusammenarbeit an den Schwarz-Büchern und der großen Ausstellung von 1997 mit ihren praktischen Ratschlägen, mit ihren Kenntnissen über Kunst und Bauen, mit ihren Kochkünsten und nicht zuletzt mit ihrer Hilfe in Not, in anderen Worten: mit ihrer Freundschaft beschenkt. Und es gibt keinen besseren Freund als Maria Schwarz.

Herzlichst Wolfgang

Herzliche Gratulation!

Etwa Mitte der 90er Jahre wurde ich auf Ver-
mittlung meines damaligen Schülers und heutigen Tübinger Kollegen Andreas Odenthal zur
Beratung bei der geplanten liturgischen Umgestaltung der Kirche St. Josef in Köln-Braunsfeld
hinzugezogen. Der von Rudolf Schwarz erbaute
gerichtete Raum („Der Weg") mit seiner stark
erhöhten Choranlage sollte heutigen Gepflo-
genheiten angepasst, der Altar tiefer gelegt und
weiter zur Gemeinde hin positioniert werden.
Dies wäre, nach der Fenster- und Farbgestal-
tung durch Georg Meistermann, der zweite gra-
vierende Eingriff in das Raumkonzept gewesen.
Immerhin hätte die Krypta, offensichtlich nicht
mehr in Gebrauch, demoliert werden müssen.
Bei dem Beratungsgespräch war Maria Schwarz
anwesend. Wir lernten uns dabei kennen und
fanden schnell einen Konsens: Die geplante
Umgestaltung käme einer Zerstörung gleich,
da sie die gebaute Geistigkeit des Raums völlig
missachten würde. Stattdessen schlugen wir vor,
den unteren Teil des Langhauses für den Wort-
gottesdienst zu nutzen, um dann gemeinsam in
Prozession zur Feier der Eucharistie in einem
großen Kreis oder Halbkreis um den Altar zu zie-
hen. Damit wäre sowohl dem aus dem Geist der
Liturgischen Bewegung entstandenen Raum als

auch heutigen liturgischen Erfordernissen Rechnung getragen.

Maria Schwarz schenkte mir nach dem Gespräch die beiden Kirchenbaubücher „Vom Bau der Kirche" und „Kirchenbau." Es folgte eine Reihe weiterer Projekte, in deren Verlauf mir immer deutlicher wurde, wie hoch der Anteil von Maria Schwarz nicht nur an dem Erhalt, sondern auch schon bei der Planung und Ausführung der Bauten ihres Mannes gewesen ist. Mit der Zeit schärfte sich der Blick für ihre Handschrift, die in vielen Details die poetische Qualität der Kirchenräume entscheidend prägt. In München erlebte ich sie auch als Architekturlehrerin, die nicht nur die Ideen ihres Mannes und anderer bedeutender Architekten lebendig werden ließ, sondern auf dieser Basis ihr eigenes Profil weiterentwickelte und zu neuen, heutigen Lösungen inspirierte.

Daher konnte ich der Idee von Frau Prof. Deubzer, Maria Schwarz eine Honorarprofessur zu verleihen, nicht anders als mit allergrößtem Nachdruck und herzlicher Freude zustimmen. Maria Schwarz ist Vorbild und kompetente Partnerin aller kirchlich und theologisch Verantwortlichen in der Sorge um die Avantgarde des Kirchenbaus im 20. Jahrhundert, Avantgarde im Sinne von Georg Meistermann als ein „nach vorne Bewahren."

Serviettenskizze zeigt Rudolf Schwarz, gezeichnet auf eine einfach strukturierte Papierserviette von Maria Schwarz für den damaligen Studenten der Baukunst Hanns Peter Hubach, der im November 1966 beim Aufbau der Rudolf Schwarz Ausstellung in der Kunstakademie Düsseldorf geholfen hatte.

Welcher Umstände es bedurfte, Maria Schwarz zu begegnen

Zwischen den beiden Rundtürmen des Heidelberger Brückentors – wer kennt es nicht! – spannt sich, die Durchfahrt bekrönend, schwibbogenartig die kleine Wohnung des Brückenwarts. Es mag Ende 1949 gewesen sein, da saß ich inmitten von Bücherstapeln unter einem der kleinen Fenster dieses Raums, studienhalber mit den mythischen Wesen der Antike beschäftigt. Ich war zu Gast bei meinem väterlichen Freund Steinbach, der mit einer eigens gegründeten Bauhütte die sinnlos gesprengten Joche der Alten Brücke wiederaufgebaut hatte und nun im Brückentor wohnte. Samt seiner – wörtlich! – erlesenen Bibliothek, in der nicht nur Vitruv und Palladio standen. Alle einigermaßen Gebildeten am unteren Neckar wussten, dass dieser Architekt nicht allein die Medea auswendig kannte, sondern auch sonst in der Welt der Alten wie zuhause war. Und dennoch ganz die Gegenwart. War Rudolf Steinbach also schon selbst ein schwer entbehrlicher Berater, so erst recht seine Bibliothek. Die galt es zu nutzen, zumal ich schon deswegen seine Freundschaft gewonnen hatte. Und da saß ich nun in der Leseecke, las und exzerpierte unter leichtem Fieber den einen wie den anderen nützlichen Zitatenfund.

Plötzlich kam Besuch. Widerhall im Wendeltreppenturm. Steinbach führte einen dunkel gekleideten Herrn ins Zimmer, vielleicht einen halben Kopf größer als er selbst, nahm ihm eine lange Papprolle ab, dann den Mantel. Und entschuldigte sich bei mir. Das ist Kollege Schwarz. Eine kleine Besprechung. Und der Gast betonte mit deutlichem Anflug Kölscher Mundart: Keine Störung, junger Mann! Beide setzten sich gegenüber an den Tisch vor einem der breiten Fenster mit dem Blick auf die Brücke, rollten Planzeichnungen vor sich aus. Und ich wurde Zeuge eines langen, abwechselnd mal lauten, mal in Stillschweigen versinkenden – skizzierten sie? – Gesprächs zweier Architekten. Immer wieder durchsetzt von Betonungen der Selbstbehauptung. Weiß der Himmel, um was es sich handelte. Ein technisches Problem, eine gestalterische Alternative, eine bestimmte Einzelheit? Es ging, hörte ich, um die Abtei Neuburg.

Und es ging so ungefähr zwei Stunden lang. Die Pläne wurden eingerollt und verstaut. Es lässt sich eben nicht alles so oder so machen, sagte Schwarz.

Steinbachs Entgegnung, schon auf der Wendeltreppe, blieb unverständlich. Eine kleine Weile noch im Nachhall zweier gut unterscheidbarer Männerstimmen im Turm.

Freundschaftlich resigniert. Das Zitat, mit dem Rudolf Steinbach wieder hereintrat, habe ich vergessen. Ich merkte mir nur: So also stritten Architekten.

Ich schätze: gut zwei Jahre später. Mein Telefon klingelt. Jetzt in Baden-Baden, wo ich im Verlag Woldemar Klein das Zeitschriften-Machen lerne. „Das Kunstwerk" heißt der illustre

Lehrgegenstand. Um eine Zeitschrift ist es auch dem Anrufer zu tun – Rudolf Steinbach fragt: Hättest du Lust, die Redaktion einer Monatsschrift für Architektur zu übernehmen? In Frankfurt. Bei Eugen Kogon und Walter Dirks im Verlag der Frankfurter Hefte. Herausgeber Alfons Leitl, Stadtbaurat in Trier. „baukunst und werkform" heißt unsere Zeitschrift. – Unsere? – Also: Lust schon. Doch kaum Ahnung vom heutigen Bauen. Wie soll das gehen? Dennoch treffen Alfons Leitl und ich uns wenige Wochen darauf in Würzburg, wo die Zeitschrift gedruckt wird. Beim Mittagessen auf der Marienfeste werden wir schnell einig. Die erste Aufgabe, die mir am Schaumainkai in Frankfurt obliegt, ist ein Heft über Otto Bartnings Notkirchen (ich merke, wie „Das Kunstwerk" mich verwöhnt hat!). Ja, und nun fortan jeweils auf der ersten Seite jedes Heftes die Namen der Mitarbeiter: all jener, denen ich in Kürze begegnen werde: Hebebrand, Eiermann, Häring, Schweizer, Wagenfeld, Steffan, Hoffmann... – Und Rudolf Schwarz! Nebst Steinbach natürlich. Nun weiß ich, wer der dunkle Herr von vor zwei Jahren war.

Leitl nimmt mich dann und wann mit in Schwarz' Frankfurter Büro. Ich lernte den großen Frager (zwischendurch auch mal den Chauvinisten in ihm) kennen. Und werde so – wir schreiben das Spätjahr 1952 – Zeuge des folgenreichsten Gesprächs, das Leitl und Schwarz je geführt haben. Leitl besteht darauf, die Dezember-Ausgabe ausschließlich seinen eigenen Bauten zu widmen. Als Vorwort ersehnt er sich einen Text von Rudolf Schwarz. Der wird zu einem Gespräch in ein nobles Gasthaus eingeladen und gibt der dringenden Bitte Leitls nach unter der Bedingung, dass kein einziges Wort gestrichen werde. Das wird sozusagen mit Handschlag besiegelt. Schwarz liefert pünktlich. Leitl aber bringt es nicht fertig, diesen Text seinen Bauten voran zu stellen.

Der Ausweg: Es wurde zwar kein Wort gestrichen, Schwarz' Text, neun Druckseiten lang, aber kurzerhand ins folgende Heft transportiert. Im Januar 1953 überraschte die b+w ihre Leser mit der Titelzeile „Bilde Künstler, rede nicht". Damit war die Architektur-Kontroverse der fünfziger und sechziger Jahre gezündet. (Nachzulesen in „Bauwelt Fundamente" Band 100, Die Bauhaus-Debatte 1953, Friedr. Vieweg & Sohn 1994).

Obwohl die Bilder noch scharf sind und die Erinnerungen noch einigermaßen zuverlässig: Wann, wo und aus welchem Anlass ich in diesen Jahren oder auch danach Maria Schwarz begegnet bin – ich weiß es nicht. Einmal, doch sicher etwas später, war ich Gast im Hause Schwarz in Müngersdorf und war es gern. Schließlich haben Maria Schwarz und ich doch etwas gemeinsam veranstaltet. Nämlich die erste und einzige Veröffentlichung der „Wegweisung der Technik" (1926) in allen, auch den bislang ungedruckten Teilen und Ergänzungen (Fundamente s. o., Band 51). Mittlerweile sind wir alte Leute. Doch wenn wir empfehlen, dieses Buch von Rudolf Schwarz heute – wieder – zu lesen, sind wir ziemlich jung!

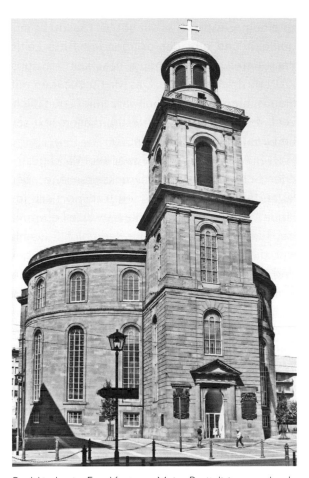

Paulskirche in Frankfurt am Main, Revitalisierung durch
Maria Schwarz 1986–88
Foto: Presseamt der Stadt Frankfurt am Main

Weggemeinschaft mit Maria Schwarz

Im Januar 1964 begann ich meinen Dienst
als Leiter des neu geschaffenen Bauamtes im
Erzbischhöflichen Generalvikariat Paderborn.
Nachdem ich gemäß kirchenrechtlicher Vor-
schrift meinen Amtseid beim Generalvikar ab-
gelegt hatte, verwies dieser auf einen ansehnli-
chen Aktenstapel auf seinem Schreibtisch und
eröffnete mir, dass ich mich damit vordringlich
zu befassen hätte. In den Akten verbargen sich
drei bereits vor längerer Zeit von der Erzbischhöflichen Behörde abgelehnte Kirchenbaupro-
jekte. Infolge des daraufhin von den betroffenen
Kirchengemeinden empört und in Schriftform
zum Ausdruck gebrachten Unverständnisses,
aufgrund des danach einsetzenden kontroversen Schriftverkehrs und nicht zuletzt durch die
zahlreichen inzwischen erarbeiteten alternati-
ven Kompromissentwürfe, die jedoch noch kein
Einvernehmen der Planungsbeteiligten erzielen
konnten, hatten die Akten das erstaunliche, aktuelle Volumen erreicht.

    Ich sollte die gesamten Planungs- und Be-
urteilungsprozesse noch einmal anhand dieser
Akten kritisch und unvoreingenommen prüfen
und die längst vollzogenen kirchenaufsicht-
lichen Ablehnungen unanfechtbar baufach-
lich begründen. Quasi im Nebensatz gab mir
der Generalvikar zu verstehen, dass ich ihm

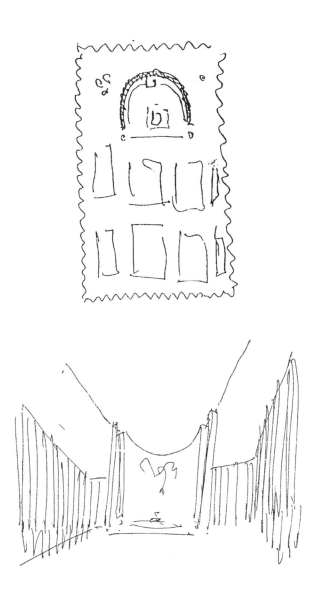

Soest, Hl. Kreuz, zwei Handskizzen, Grundriss und Innen-
raumperspektive von Rudolf Schwarz,1960

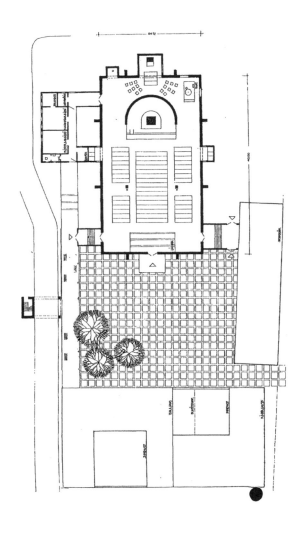

Soest, Hl. Kreuz, Grundriss der realisierten Kirche von
Maria Schwarz, 1964–1967

selbstverständlich dann, wenn ich, was er allerdings nicht erwarte, zu einer abweichenden
Beurteilung der Pläne des Genehmigungsver-
fahrens käme, ihm diese direkt zur Kenntnis geben könnte. Als ich mit dem Aktenbündel unter
dem Arm den Raum verließ, musste ich einigermaßen irritiert bekennen, dass ich mir meinen
Einstieg in den Erzbischhöflichen Dienst so nicht
vorgestellt hatte.

Meine verständliche anfängliche Ratlosig-
keit verwandelte sich aber fast schockartig in
eine Art innerer Betroffenheit, als mir gleich
beim ersten Blick in die dickleibigste der Akten
der Name des Entwurfsverfassers ins Auge fiel:
Professor Rudolf Schwarz. Er hatte Ende 1960,
wenige Monate vor seinem frühen Tod, den zu-
gunsten der Propsteigemeinde St. Patrokli von
der Stadt Soest initiierten Wettbewerb für den
Neubau der Kirche Hl. Kreuz gewonnen. Und
ich fühlte mich keineswegs erleichtert, als ich bei
der weiteren Lektüre der Akte entdeckte, dass
mein wohl einflussreichster Lehrer während meines Architekturstudiums an der TH Aachen, der
ehemalige Kölner Erzdiözesanbaumeister und
Kölner Dombaumeister, Professor Willy Weyres,
als Preisrichter beim Wettbewerb tätig gewesen
war.

Mir wurde von Seite zu Seite, von Kompromiss zu Kompromiss bewusster, dass ich zu
der von mir erwarteten Ablehnungsbegrün-
dung nicht fähig war. Aber ich wollte unter
keinen Umständen bereits an meiner ersten

Herausforderung scheitern. Also nahm ich all meinen Mut zusammen und teilte mein Ergebnis dem Generalvikar mit, vertrauend auf sein Wort bei der Aktenübergabe, und bat ihn zugleich um die Erlaubnis, mit Maria Schwarz Kontakt aufnehmen zu dürfen, um mit ihr Möglichkeiten zu erkunden, die Planung für Hl. Kreuz so weit wie möglich wieder in den Ursprung zurückzuführen. Er stimmte sofort zu. Das überraschte mich, aber ich erkannte, meine berufliche Zukunft würde eng mit diesem Projekt verbunden sein.

So trat Maria Schwarz in mein Leben. Drei Jahre hatte sie bereits vergeblich gekämpft, widerwillig Pläne gezeichnet, die die ursprünglich frei in den Raum gestellte Apsis zu einer Außenapsis degradierten. Sie hatte, wie von Paderborn verlangt, überflüssiges Raumvolumen eingespart, aber zugleich den Verlust der prägenden Raumidee mit den ausgewogenen Proportionen hinnehmen müssen. Jetzt war sie glücklich, plötzlich und unerwartet in den gegnerischen Reihen auf einen Verbündeten zu stoßen. Gemeinsam machten wir uns daran, Verlorenes zurückzugewinnen.

Aber die Fronten waren verhärtet, das Misstrauen auf allen Seiten saß tief. Der Propst hatte zwischenzeitlich aus Altersgründen resigniert, der Kirchenvorstand war in seiner Haltung gespalten und die Repräsentanten der Stadt hatten offensichtlich ihr Interesse an diesem Projekt verloren. Nun galt es, die Streithähne miteinander für ein gemeinsames Projekt zu gewinnen.

Ich ermutigte Maria Schwarz, den preisgekrönten Wettbewerbsentwurf als komplette Bauvorlage auszuarbeiten, ohne dass ich den Erfolg garantieren oder ihr für eine solche Leistung einen Architektenvertrag und damit ein Honorar in Aussicht stellen konnte. Sie war bereit, das Wagnis einzugehen. Um dem Unternehmen neuen Schwung zu geben, entwickelten wir eine Strategie, in der Erzbischhof Lorenz Jaeger eine zentrale Rolle spielen sollte. Es gelang uns innerhalb weniger Wochen, die Vorbehalte und Widerstände im Kirchenvorstand und auch im Generalvikariat zu überwinden und den Plan von gesichtsloser Beliebigkeit zur originalen Qualität des Wettbewerbsentwurfes zurückzuentwickeln. Noch im Sommer empfing Erzbischof Jaeger während der Konzilberatung Maria Schwarz in Rom. Hier unterzeichnete er persönlich die Baupläne, die dann 1965 Grundlage für die Bauausführung wurden.

Am 14. September 1967 vollzog der inzwischen zum Kardinal erhobene Erzbischof die feierliche Weihe einer Kirche, die dem hohen Rang der mittelalterlichen Soester Kirchen gewachsen ist. Ich bin dankbar, dass das gemeinsame Mühen um ihren Bau mir eine nunmehr fast fünfzig Jahre überdauernde Freundschaft mit Maria Schwarz geschenkt hat.

Hommage an Maria Schwarz zum 90. Geburtstag

Orgeln in romanischen Kirchen sind normaler-weise ein Ärgernis. Zur Erbauungszeit waren sie nicht vorgesehen, da sie sich erst später in der bekannten Dimension entwickelten. Bei den Barockisierungen, die mittelalterliche Bauten nur als unvermeidliche Hülle völlig neuer Innen-raum-Gestaltungen sahen, war die große Orgel ein selbstverständliches Pendant zum ebenso großen Altar. Wo diese Barockfassungen kom-plett erhalten sind, wie z. B. besonders schön in St. Peter in Salzburg, ist natürlich die zugehörige Orgel homogener Teil geblieben. Wo diese Aus-stattung später weitgehend entfernt wurde, tritt der Bruch klar zutage und wird höchstens durch die besondere Qualität des barocken Orgel-Prospektes gemildert, wie z. B. in Hamersleben nahe Magdeburg. Die Restaurierungen des 20. Jahrhunderts bemühten sich mit ihrem Stre-ben nach Steinsichtigkeit und rauhem Putz zwar um die so genannte romanische Authenzität-aber: Die unvermeidlichen (Riesen-)Orgeln sind dabei normalerweise ein besonderes Ärgernis!

In Köln mit seinen besonders zahlreich er-haltenen romanischen Kirchen gibt es nun zwei Ausnahmen: St. Maria im Kapitol und St. An-dreas. In der ehemaligen Damenstiftskirche St. Maria im Kapitol, erbaut im 11. Jahrhundert

in kaiserlichen Dimensionen, bot sich der pracht-
volle Renaissance-Lettner zwischen Langhaus
und Kleeblattchor als Standort für eine Orgel an.
Allerdings erforderte gerade dieser Ort besondere Sensibilität, um nicht die im Detail zierliche
Gliederung des Lettners zu erschlagen. Diese
schwierige Aufgabe ist in bemerkenswertem
Einfühlungsvermögen gelöst mit einer klaren,
eigenständigen Form, die sich trotzdem eindeu-
tig in die historische Entwicklungslinie künstlerisch gestalteter Orgelprospekte stellt. Maß und
Aufteilung des Orgelkörpers sind in Vollendung
aus dem Verhältnis zu Raum und Lettner entwi-
ckelt, der Blick zwischen Langhaus und Chor in
ein selbstverständlich wirkendes Spannungsver-
hältnis gesetzt. In der ehemaligen Herren-Stifts-
kirche St. Andreas ist die Situation völlig anders.
Doch dafür, dass hier überhaupt keine Stelle
für eine Orgel geeignet ist und auch auf die
Westempore eigentlich kein solches Instrument
gehört, ist die dort entworfene Orgel hervorra-
gend eingebunden. Sie lässt der umgebenden
Architektur Raum zum Atmen und enthüllt mehr,
als dass sie verschleiert. Man möchte sagen:
Wenn hier schon unbedingt Orgel, dann so!

Die angemessene musikalische Ausstrahlung
beider Instrumente stammt vom renommierten
Orgelbauer Bruno Klais, der schöne architektonische Klang aber von Maria Schwarz. Normalerweise kennt die (Fach-)Welt sie als Witwe von
Rudolf Schwarz, dessen architektonisches und
geistiges Erbe sie seit seinem Tod vor 50 Jahren

so engagiert und intensiv verteidigt, dass manche durchaus für die andernorts praktizierte Sitte der Witwenverbrennung Sympathie hegen. Die Architektin Maria Schwarz aber, nach deren Wirken unwillkürlich fragt, wer diese Orgeln sieht, ist nicht ohne weiteres bekannt – und auch nicht so einfach greifbar! Sie selbst war darüber, dass jemand einmal nach ihrem Werk fragte und nicht nach Rudolf Schwarz, womöglich am meisten verblüfft gewesen. Nur sehr zögerlich gab sie Auskunft über die Herkunft aus einer rheinischen Handwerker- und Architekten-Familie. Nicht nur sie, auch ihre Schwester und ihr Bruder studierten an der Technischen Hochschule Aachen Architektur.

Nach dem Diplom 1945 kam die junge Architektin Maria Lang 1949 zur Kölner Wiederaufbaugesellschaft, die Rudolf Schwarz leitete. 1951 heiratete sie den 53-jährigen Junggesellen. Die enge persönliche Bindung erfuhr durch die berufliche Gemeinsamkeit eine besondere Bedeutung. In der kinderlos gebliebenen Ehe waren die zusammen diskutierten und ausgeführten Bauten die gemeinsamen „Kinder". Sie tragen den Namen des „Vaters", die „Mutter" wird mitunter in den Publikationen unter den Mitarbeitern genannt. In den Schriften von Rudolf Schwarz über seine (bzw. ihre gemeinsamen) Arbeiten gibt es keine darüber hinausgehende Erwähnung seiner kollegialen Partnerin.

1961 starb Rudolf Schwarz mitten im Schaffen einer ganzen Reihe von Bauaufträgen, die

Maria Schwarz dann in eigener Verantwortung ausführte. Erklärtes Ziel war dabei, diese Bauten im Sinne von Rudolf Schwarz zu errichten, für die er teilweise nur allererste Ideen-Skizzen hinterlassen hatte. Maria Schwarz wurde völlig selbstverständlich von dem Mitarbeiter-Team als neue Leiterin der Büros in Köln und Frankfurt anerkannt. Zu wissen, dass dagegen die vor allem kirchlichen Auftraggeber es der Witwe nicht immer leicht machten, bedarf auch heute noch nicht allzu großer Phantasie. Trotz Prämierung ihrer eigenen Wettbewerbs-Entwürfe wurde ihr auch kein eigener Auftrag für eine Kirche zuteil. Ohnehin war die Zeit der zahllosen Kirchenbauten vorbei. Maria Schwarz widmete sich insbesondere dem Bau von Einfamilienhäusern und kirchlichen Annexbauten wie Pfarrhäusern, Kindergärten, Familien-Bildungsstätten. Zudem hat sie nach Jahrzehnten die Erhaltung auch ihrer kreativen Gestaltungen bei der Restaurierung des Gürzenich mit der ihr eigenen Zähigkeit durchgesetzt!

Hiltrud Kier

Gürzenich Köln 2009

Unserer lieben Tante Maria Schwarz zum 90. Wiegenfest

Eines Tages brachte mein Onkel Rudolf Schwarz (gen. Onkel Rudi), der schon längere Zeit bei uns wohnte, seine Braut Maria mit nach Hause. Meine Mutter hatte sich für ihren Bruder und dessen Verlobte zu diesem besonderen Anlass feierlich gekleidet und ein Festmahl bereitet. Als die Zukünftige jedoch in Rock und Pullöverchen erschien, war die Mutter ob dieser Garderobe sehr enttäuscht, dass ihr Bruder sich so eine Frau auserkoren hatte. Mit Rock und Pullöverchen erlebte meine Mutter viele Jahre später ein Déjà-vu der besonderen Art. Als ihr Sohn und Autor dieser Zeilen seine auch aus Aachen stammende und von den Ursulinen ausgebildete zukünftige Frau vorstellte, die ebenfalls in Rock und Pullöverchen erschien, veranlasste meine Mutter diese Iteratio zu der historischen Feststellung: „Die (gemeint waren hiermit die Ordensschwestern der Ursulinen) stellen nur eine Sorte her".

Die liebe Tante wuchs in dem schönen großen Jugendstilhaus der Aachener Familie Lang auf. Diese Familie hatte sich ebenfalls auf die Herstellung einer „Sorte" Nachwuchs spezialisiert, denn diesem Haus entwuchsen ausschließlich Architekten und gleich drei an der Zahl.

Nach kurzen Lehrjahren in Aachen zog es die junge Architektin in die große weite Welt nach

Köln, um dort in den 1940er und 1950er Jahren an der Gestaltung des Neuen Köln mitzuwirken. Als der Herr Generalplaner merkte, dass die junge Mitarbeiterin nicht nur schöne Männchen malen, sondern auch schöne Entwürfe erstellen konnte, wuchs das Interesse unseres Onkels Rudi. Dieses Interesse verdichtete sich beidseitig über das Maß von Männchen und Bauplänen hinaus und führte 1951 zur Hochzeit, die festlich im elterlichen Jugendstilhaus in Aachen gefeiert wurde.

Nun brauchte das Paar natürlich auch eine Bleibe. Rudolf und Maria bauten sich in Müngersdorf ein schlichtes Haus und errichteten es so, wie es ihre Art war, verborgen ganz hinten auf einem großen Grundstück, damit keiner etwas sah. Als das neue Heim gerade fertiggestellt war, ereignete sich auf dem nahe gelegenen Nordfeld der Katholikentag (1956). Für diesen hatte das Büro Schwarz eine an drei Baukränen hängende Dornenkrone entworfen. Die Nähe des Geschehens führte dazu, dass das Haus von einer Reihe von Exzellenzen als Umkleide und damit als eine Art gehobene Sakristei genutzt und so eingeweiht wurde.

Onkel Rudi und Tante Maria wohnten fortan in dem neuen Haus mit angegliedertem Büro und bauten in den folgenden Jahren gemeinsam eine Kirche nach der anderen. Das fanden mein Bruder und ich äußerst faszinierend. Was uns damals allerdings noch weit mehr beeindruckte, war die Kochkunst der Tante. Diese manifestierte sich beispielsweise in Gestalt der traditionellen Weihnachtsgans, die eines Tages, nicht wie üblich bei meiner Mutter, sondern im Hause Schwarz zubereitet wurde. Als Student immer hungrig, erinnerten wir selber nach ausgiebigem und delikatem Essen an Wilhelm Buschs Protagonisten. „Max und Moritz im Verstecke schnarchen aber an der Hecke. Und vom ganzen Hühnerschmaus guckt nur noch ein Bein heraus." Das Schnarchen fand in einem der kleineren Gemächer statt, die das Haus für solche Zwecke bereithielt. Mit dem zweibeinigen Federvieh war das überhaupt so eine Sache. Die Schlacht um die Gänsebeine kommentierte Onkel Rudi mit dem Vorschlag: „Man müsste die Gans mit einem Tausendfüßler kreuzen".

1961 ereignete sich sehr Trauriges: Unser Onkel Rudolf Schwarz verließ uns für immer und die arme Maria war ganz allein, natürlich von vielen umgeben, die sich um sie sorgten. Vor ihr lag ein großer Berg unfertiger Kirchenbauten, deren Fertigstellung sie bewältigen musste. Alle Welt staunte, wie bravourös ihr dies gelang. Doch darauf beschränkte sich ihre Arbeit nicht allein. So entwarf sie beispielsweise etwas später für den Autor und dessen Familie auf einem schmalen Grundstück von sieben Metern Breite ein Wohnhaus mit immerhin rund 200 Quadratmetern Wohnfläche. Dieses ließ in seiner Abweichung vom Grundriss der sonst üblichen Reihenhäuser die Enge der Parzelle vergessen. Es entstanden viele Zimmer für die Familie und ein Dachzimmer als Olymp für den Hausherrn, das allerdings nur über viele Treppenstufen zu erreichen war. Dies erwies sich als positive Therapie gegen Nierensteine.

Nachdem der Hausherr nach geraumer Zeit herausfand, dass sich Nierensteine ebenso gut mit Kölsch bekämpfen lassen, wurde ein zweites Haus gebaut, diesmal auf einem etwas größeren Grundstück. Wiederum entwickelte Maria zahlreiche Entwürfe, einer schöner als der andere. Der allerschönste Entwurf enthielt ein Oktogon in Anlehnung an die Herkunft der Künstlerin. Dies führte zu einem beachtlichen Grundriss und gipfelt im Dachgeschoss in einem mit Holzbindern gedeckten achteckigen Raum, der von Anfang an „Kapelle" genannt wurde. So ergab sich ein für den mit den Romanischen Kirchen Kölns befassten Bauherrn angemessenes Domizil. Bis heute fühlt sich die Familie als Bewohner des Hauses äußerst wohl in demselben.

Daher erübrigte sich der Bau eines weiteren Hauses und Maria konnte sich wieder anderen Aufgaben zuwenden. Wer annimmt, sie habe mit Erreichen der Pensionsgrenze den Zeichenstift aus der Hand gelegt, der irrt gewaltig. Maria unterrichtete z. B. junge bayerische Studenten an der TU München im Fachgebiet Kirchenbau und wurde zur Honorarprofessorin ernannt. Sie kämpft nach wie vor für den Erhalt der Schwarz`schen Bauten, ein mitunter schwieriges und aufreibendes Unterfangen. Sie entwirft neue herrliche Kunstwerke, wie jüngst einen

Maria Schwarz im Juni 2011

wunderschönen vielarmigen Kerzenleuchter für die Pfarrkirche in Müngersdorf. Wegen der großen Verdienste erhielt Maria viele Auszeichnungen, unter anderem die Ehrenmitgliedschaft des Architektenforums Rheinland. Daher wird sie im Familienkreis nun Ehrentante genannt. Von Herzen gratulieren wir unserer geliebten Ehrentante zu ihrem 90. Wiegenfest und wünschen ihr noch viel glückliche Schaffenskraft für ihre zukünftigen Lebensjahre.

Liebe zum unversehrten Raum

Es war zu Zeiten, da lag Krieg über dem weiten Land. Die jungen Männer zogen zu Felde und hinterließen Lücken in den Hörsälen. Maria Lang wusste sie zu nutzen.

Mit dem Verlangen von Töchtern, ihrem Vater nachzustreben, zwängte sie sich – keck wie sie war und blieb – in die männliche Domäne der Baukunst. Es wird berichtet, dass in der Aachener Architekturfakultät hervorragende Professoren Konstruktion, Städtebau, Handwerk, Zeichnen und Geschichte lehrten.

Allgemein war man jedoch gehalten, mit dem Vorhang, der den Studenten auf die Baugeschichte hin geöffnet wurde, alles als „entartet" Deklarierte einschließlich der Bauhausära zuzuhängen.

Umso überwältigender war für Maria Lang nach der Kapitulation des Naziregimes ihr erster Besuch der Fronleichnamskirche in Aachen. Er wurde zum Erweckungserlebnis, wie es in ähnlicher Weise anderen Architekten nach ihrer Rückkehr aus dem Krieg an anderer Stelle widerfuhr. Hier schloss sich schlagartig die Lücke in der von den Nazis gestutzten Lehre. Für Maria Lang wurde klar, dass die wiederentdeckte „Moderne" nicht einfach fortgesetzt werden durfte. Sie wurde für sie zur Brücke, über die alles das in die neue Baukultur gerettet werden musste, was sie von der so großartig vorgetragenen

Vormoderne, dem Mittelalter und der Antike gelernt hatte.

Als Assistentin im Städtebau erlebte sie, wie die Fakultät in die Neustrukturierung und in den Wiederaufbau des zerstörten Aachen und der Nachbarstädte mehr involviert wurde.

Aus dieser Position nun wurde sie nach Köln in die Wiederaufbaugesellschaft vermittelt, die Rudolf Schwarz leitete.

Auf der Seite der Stadt vermochte er damals, ähnlich wie Willy Weyres auf der Seite der Kirche, begabte Stadtplaner und Architekten um sich zu scharen, dabei auch solche mit Vorkriegshintergrund und solche mit solider Ausbildung in Baugeschichte.

Für Schwarz kam da die von Wendling empfohlene Maria Lang gerade recht. Wie so oft war es ihre stimulierende, kein Blatt vor den Mund nehmende Art, welche die besondere Aufmerksamkeit ihres Gegenübers weckte. Es entstand dieses „Frech zu Frech auf Augenhöhe".

Als Rudolf Schwarz dann endlich den faszinierend unbequemen Frosch zu küssen wagte, verwandelte sich dieser in eine unverzichtbare Partnerin, am ehesten vergleichbar der Prinzessin auf der Erbse, überaus sensibel für die Unversehrtheit von Räumen und für die passende Fügung von Details. So entstand eine enge geistige Verflechtung, auf die beide mehr und mehr angewiesen waren, ein Erfolgsrezept, wie es in Köln bei einer Reihe von Architektenehepaaren anzutreffen ist. Rudolf Schwarz unterhielt als Folge des wachsenden Auftragsbestandes im

weiten Land eigene Büros. Wieder war es die so-
lide Ausbildung, die es Maria Schwarz erlaubte,
sich an Auftragsarbeiten konstruktiv zu beteili-
gen. Es blieb nicht aus, dass vieles entstand, wo
außen Rudolf Schwarz drauf stand und innen
Maria Schwarz drin ist. Das zugetane Spiel der
unerfragten Antworten wurde beiden zum Le-
bensinhalt und blieb auch über den Tod von Rudolf Schwarz hinaus für Maria Schwarz gelebte
Wirklichkeit.

Von dorther wird ihr Kampfgeist gespeist,
und dies vor allem in der Auseinandersetzung
mit den Folgen eines falsch verstandenen Kon-
zils und den daraus resultierenden Veränderungen.

Es gab eine Zeit, da wurden die Saiten klas-
sischer Konzertflügel mit Puppenbeinchen und
Wäscheklammern aufbereitet. Jahre später haben dieselben, die den Konzertsaal unter lautem
Protest verlassen hatten, ihre eigenen „Puppenbeinchen und Wäscheklammern" in die Stufen
und Podeste der Kirchen „geklemmt". Sie sollten am falschen Platz in falscher Gestalt Altäre
und Ambonen vorstellen. Später ging man dann
sogar dazu über, Kirchen zu entweihen und sogar gänzlich zu liquidieren.

Seither nun ist Maria Schwarz gegen diese
wachsende Unkultur zu Felde gezogen. Sie wurde gleichsam zur Streiterin für das Erbe einer
ganzen Architektengeneration, zu einer Jeanne
d'Arc der rheinländischen Baunation.

Karl Josef Bollenbeck

MAKK in Köln, Treppenaufgang,
R. Schwarz und J. Bernhard 1958

Meine Begegnungen mit Maria Schwarz

„Kommen Sie doch heute zum Essen zu uns. Romano Guardini kommt auch!" Diese spontan mit freundlicher Selbstverständlichkeit ausgesprochene Einladung der jungen Frau meines Professors war meine erste Begegnung mit Maria Schwarz. Das war 1956 anlässlich des 77. Katholikentages im Köln-Müngersdorfer Stadion. Rudolf Schwarz gestaltete den Hauptaltar und ich als sein Student im 1. Semester, Schwerpunkt Kirchenbau, durfte die Bauleitung machen. Als einprägsames Zeichen des Glaubens wurden drei Baukräne zusammengestellt, an denen eine „Dornenkrone" aus Ofenrohren ineinandergefügt über dem Hauptaltar hing. Die „Ofenrohr-Dornenkrone" war der geniale Beitrag des Bildhauers Heiermann. Meiner war bescheidener: Ich durfte koordinieren und organisieren. Und an einem denkwürdigen Mittagessen teilnehmen mit den großen Bewegern der Vorliturgiereform: Romano Guardini und Rudolf Schwarz. Zwanglos und liebenswürdig arrangiert von der damals 35-jährigen Maria Schwarz in dem klaren, weißen Haus in Müngersdorf mit der Gänseblümchenwiese davor, das wie ein Abbild ihrer Persönlichkeit war: klar und bescheiden.

Eine nächste Begegnung gab es im Atelier Schwarz in der Kunstakademie Düsseldorf. Hier bearbeitete Schwarz den Wettbewerb für das Schauspielhaus Düsseldorf mit seinen Schülern. Zu den Arbeitsbesprechungen begleitete ihn Maria Schwarz. Sie war keine stumme Begleiterin, wie wir feststellen mussten, beteiligte sich an den regen Diskussionen am Entstehen des Entwurfes. Eine angemessene Form für das festliche Foyer müsse gefunden werden – befand Maria Schwarz, in der der Zuschauer auch ein Agierender sei. Sie hatte offensichtlich mehr Erfahrungen als Zuschauer als wir Studenten. So ließen wir ihre Anregungen einfließen. Ob dieser oder des gesamten Entwurfes wegen, es gab einen zweiten Preis. Meinen Kommilitonen Ludwig Tiepelmann und Paul Eling und mir war das Ehre genug.

Unerwartet während meines Examenssemesters starb mein verehrter Lehrer Rudolf Schwarz 1961. Bei Hans Schwippert durfte ich es beenden. Der Kontakt zu Maria Schwarz brach zunächst ab.

Eine Wiederaufnahme der Begegnungen mit Maria Schwarz 1980 entstand durch eine Initiative der Akademie der Architektenkammer und der Deutschen UNESCO-Kommission in der herausgegebenen Reihe „Architektur und Denkmalpflege." Eine erste Publikation sollte über das Werk von Rudolf Schwarz sein. Manfred Sundermann, ein junger befähigter Architekt, konnte für diese Publikation gewonnen werden. Sie lud ihn in ihr Haus ein, die Archive, Pläne und Korrespondenzen zu sichten. Mit eben der gleichen Selbstverständlichkeit, mit der sie mich einst eingeladen hatte. Und die gelungene Herausgabe des Bandes 17 in dieser Reihe zeigt ihre kongeniale und einfühlsame Zusammenarbeit mit anderen unter Zurücknahme ihrer eigenen Kreativität. Anlässlich dieser Herausgabe waren meine Frau und ich zuweilen bei ihr zu Besuch. Am Esstisch, beschirmt von der Messinglampe mit Leinen, gab es ausführliche Diskussionen, was in welcher Form publiziert werden sollte. Dem Esstisch voraus gab es gemeinsames Kochen für die Abendmahlzeit. Für meine Frau unvergessen ist die Schublade unter dem Küchenarbeitstisch, in dem alle – damals schon – Bioabfälle gesammelt wurden!

1987 schlug Maria Schwarz mich vor, einen Tragaltar für die Kapelle der Burg Rothenfels zu entwerfen, um der neuen Liturgiereform entsprechend in circumstantes die Hl. Messe feiern zu können. Anlässlich dieser Entwurfsarbeit besuchte uns Maria Schwarz hier in unserem Haus in Münster. Es war wieder einmal eine beglückende Begegnung.

Die Renovierungen der Schwarz'schen Kirchen waren ihr innerer Motor und trieben sie immer an unter Hintanstellung ihres eigenen originären Schaffens. Jedoch in Abwägung mit ihrer eigenen feinfühligen Interpretation der zu renovierenden Schwarz'schen Kirchen hat sie sich gleichwohl als eigenständiger Architekt ausgezeichnet. Und so nennt sie sich: Dipl.-Ing. Maria Schwarz, Architekt!

Innenraum der Paulskirche in Frankfurt am Main Revitalisierung durch Maria Schwarz 1986–1988
Foto: Kurt Möbius

Meinen Glückwunsch und Gottes Segen für Ihr neues Lebensjahr, liebe Frau Architekt Maria Schwarz in herzlicher Zuneigung Ihr Dieter G. Baumewerd und Frau Ulla.

Anno dazumal 1950, Köln-City, Pinienstraße

Vor dem historischen Gebäude von St. Maria im
Kapitol:

Die Bürobaracke der Wiederaufbau-GmbH
der Stadt Köln unter Generalplaner Professor Dipl.-Ing. Rudolf Schwarz mit seinem Team,
Schaller, Böhm, Gondorn, Kleinertz, Jatho, Ri-
phan, Blank, Bernhard u. a. sowie Maria Lang,
genannt die „Lang'sche" (später Schwarz).

Die Damen des Teams produzierten in einem
gemeinsamen Büro, wo Maria die Wortführer-
schaft konkurrenzlos überlassen war. Der Chef
absolvierte morgens seine Besprechungsrunde
mit seinen Mitarbeitern. So auch diesmal. Nach
kurzem Aufenthalt im Damenbüro erschien er
mit erstarrter Miene in der Türe, knallte diese
hinter sich zu und grummelte – jedoch allseits
hörbar – vor sich hin: „Ich könnt' se klatschen,
diese Schlangengrube!" Der Meister war offenbar aufgelaufen. Aber geheiratet hat er sie dann
doch. Offenbar braucht es zur Pflege von Terra-
rien besonderer Beziehungsqualitäten.

Im Übrigen gingen von diesem Kern des Pla-
nungsteams weitere Aktivitäten zu Schabernack
und Hebung des Betriebsklimas aus: Einem an-
wesenden Kollegen wurde eine Portion Limbur-
ger Käse unter das Reisbrett geklebt; bei dessen
Rückkehr: allgemeines betretenes Rümpfen der
Nase.

Hochzeit von Waltraut und Harald Ludmann in Duisburg-Marxloh am 24.05.1950, Maria Lang als Brautführerin (zweite Reihe links)

Oder: Maria geht zum Chef: „Herr Professor, ich glaube, Sie haben heute den 100. Geburtstag". Der: „Dann holen Sie mal 40 Berliner Ballen." Ziel erreicht: Ruhepause! Nach angemessener Zeit jedoch der Professor: „Ich glaube, das Fest ist verrauscht!" Das wurde zur unvergessenen, stehenden Redensart.

Bei unserer Hochzeit war sie Brautführerin. Sie schenkten uns Weingläser und eine Klobürste. Unentbehrlich für einen jungen Haushalt. Wir bleiben Euch immer verbunden.

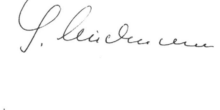

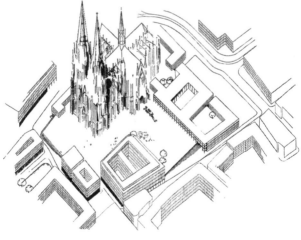

Zeichnung: Maria Schwarz,
Stadtplanung der Stadt Köln, 1949

Liebe Maria,

große Ereignisse werfen lange Schatten voraus. Dein 90. Geburtstag ist ein großes Ereignis, und der Schatten wird schon jetzt, im Sommer, geworfen. Das gibt mir Gelegenheit, mich in diesen Schatten zu setzen und zu fragen:

Erinnerst Du Dich?

Unsere gemeinsamen Erinnerungen gehen lange zurück, über 55 Jahre, in denen wir teils sehr eng zusammen waren, teils durch unterschiedliche Tätigkeiten auch räumlich getrennt lebten, um dann wieder zusammenzukommen und gemeinsam das Werk von Rudolf Schwarz aufzuarbeiten und in großen Ausstellungen einem breiten Publikum zugänglich machten.

Erinnerst Du Dich?

Die Schritte Deines Mannes über das knarrende Parkett des Büros am Baseler Platz in Frankfurt, als er der Sekretarin, Frau Weskott, den Text für das Buch vom Kirchenbau diktierte? Er hatte weder Schreibtisch noch Arbeitsplatz im Büro, denkend formulierend ging er durch die Räume.

Dann gab es das Knarren seiner Schritte nicht mehr, und Du musstest die Verantwortung aller angefallenen Bauten und die Durchsetzung der noch in der Planung befindlichen gegenüber den kirchlichen Bauherren übernehmen und die werkgetreue Durchsetzung oft mit Klauen und Zähnen verteidigen.

Erinnerst Du Dich?

Im großen Frankfurter Büro versuchten wir, aus den manchmal briefmarkengroßen Handskizzen von Rudolf Schwarz baureife Pläne zu erstellen. Du musstest darüber hinaus noch über Korrespondenzen und Prozessakten brüten. Es waren schwierige Zeiten damals, und manchmal waren sie sogar existenzbedrohend für das Büro, wenn z. B. mitten in der Bauzeit das Kirchendach wegflog. Da wurde die oft gestresste Stimmung auf einmal entspannt durch ein Geschenk Deiner Schwester. Es war ein kleiner Koffer-Plattenspieler einfachster Bauart. Dein Bruder lieferte dazu die „Software", eine Schallplatte, nicht etwa eine Bach-Kantate oder ein Vivaldi-Stück. Es waren die „Militärerinnerungen eines Westfalen" von Josef Plaut. „Er stotterte ein wenig, aber wenn er sich auf den Bauch drückte, hatte er Erleichterung – beim Sprechen." Der Text begleitete uns durch schwierige Zeiten. Wenn wir ihn hörten und bald mitsprechen konnten, löste sich mancher fast unlösbare Knoten, und Probleme wurden dann an die ihnen zukommende Stelle gerückt. Heute noch brauchen wir nur ein Wort oder einen Halbsatz zu zitieren, und schon ist die Erinnerung da, und wir müssen lachen. „Lassen Sie mal sitzen, Frau Oberst" oder „Marmortreppen" und „Burg Stolzenfels am Rhein, wem sie bekannt sind, hat die mal gehört, als es noch ganz gewesen ist."

Deine Hilde

Maria Schwarz (links) mit Hilde Strohl-Goebel auf der Bau-
stelle St. Bonifatius in Wetzlar, 1963

~~Ein sonderbarer~~
~~schöner Mensch~~

Und was das
Merkwürdigste
war Es kamen
Leute, Männer u. Frauen
die sich ganz still, ganz unbeweglich hinstellten
"und faben überhaupt nicht an". Und dann
kommt das Erstaunliche. Sie gehen weg
- in Kleid u. Mantel - und sind dort noch da -
ganz nakt Baf! Am Abend des 19. März
1623 ich weiss nicht was das war - hat er
mich zu diesen vielen nakten Menschen gesetzt
"Porträt nur Du meine Liebe" sagte er mir -
dann würden wir alle verschickt - an eine
Wand. Seitdem sah mich keiner mehr
- tausende gingen an mir vorbei.
Bis ER kam, (ER) der mich sah!
Grosses Glück einer kleinen Fliege!
Mein Name ist übrigen SARCOPHAGA CARNARIA
Nur so, für wenn DU mir schreibst.
Grüsse die nette Dame neben Dir
Deine Dich liebende

Zwei Briefe von Maria Schwarz an Hilde Strohl-Goebel

Guten Abend Ihr Zwei
Kennt Ihr mich?
Euch kenne ich gut
Besonders den sehr
netten feinen Herrn ~

um die Wahrheit zu sagen :
ich habe mich etwas in ihn verliebt -
etwas - ich habe ja auch nur ein
sehr kleines ♥
Wie sollte es mich nicht geschehen?

Im Jahre 1623
wurde ich geboren

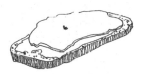

ich war ein besonders
schönes Kind
und ein aufgewecktes
das traum ich wohl sagen.

An meinem Flügel-
Entfaltungstag befand
ich mich in Antwerpen
bei einem Herrn Rubens
Er roch sehr gut nach Terpentin

Meistens frühstückte
ich mit ihm.

Er gewann
mich lieb.

Sehr liebe TA,

mit großer Dankbarkeit erinnere ich mich an das Elternhaus von Maria Schwarz in der Ludwigsallee in Aachen, das mir lange Jahre nach dem Krieg eine Heimat war.

Maria Schwarz und ihre Schwester Anne (wir haben 1944 zusammen Abitur gemacht) sind mir bis heute, in fast verwandtschaftlicher Freundschaft verbunden.

Bei allen familiären Ereignissen, sei es Hochzeit oder Tod, konnte ich mich auf die Teilnahme meiner Freunde verlassen.

Nach den vielen Jahren gemeinsamen Lebens denke ich mit Dank zurück und wünsche DIR liebe TA von Herzen weiterhin alles Gute

Deine
Ursula

Aachen im April 1956 (von links nach rechts):
Maria Schwarz,
Freundin Ursula Kopf-Wendling,
Mutter Else Lang-Houben,
Schwester Anne Schneider-Lang

Die Schreinswärterin

Schreinswärter, das sind jene beiden Statuen, die den Altarschrein, das religiöse und künstlerisch hoch verdichtete und somit äußerst kostbare Zentrum eines gotischen Flügelaltars, außen von den beiden Ecken des Schreins aus bewachen. Hochgerüstet stehen sie dort, die Heiligen aus dem Ritterstande, die, weil sie die Waffen zu führen wissen, zu dieser Wacht berufen sind.

Dass sie das Wächteramt ausüben und nicht als flankierende Heiligenfiguren gedacht sind, zeigt alleine schon ihre Blickrichtung – sie interessieren sich nicht für die Betenden. Vielmehr stehen sie mit dem Rücken zum Schrein, so dass ihr wachsamer Blick zur Seite gerichtet ist. Diese Position ermöglicht es ihnen, nicht nur die Vorgänge vor und seitlich des Schreins sondern, und das ist das Geniale an dieser Stellung, auch das zu beobachten, was sich alles so hinter dem Schrein tut.

Maria Schwarz ist eine Schreinswächterin. Ihr Schrein, oder besser ihr Schatz, ist das überaus reiche Werk ihres Mannes, das Werk von Rudolf Schwarz. Ihre Waffen sind ihre intime und detailreiche Kenntnis dieses Werks, ihre Ausbildung zur Architektin und ihre mit mädchenhaftem Charme gepaarte Schlagfertigkeit. So wirkungsvoll ausgerüstet stellt sie sich jenen vehement, aber mit geradezu sanftmütiger Stimme in den

Umzeichnung nach H. Lützeler, Bildwörterbuch der Kunst,
Bonn 1962, Spalte 257

Weg, die sich dem Schatz nicht als Bewunderer nähern. Und so ist sie gewissermaßen zur zweiten Aura der Bauten ihres Mannes geworden.

Es war im Jahr 1995. In Köln tobte die Diskussion um die Renovierung des Kölner Gürzenich, dessen Wiederaufbau ihr Mann gemeinsam mit Karl Band konzipiert und von 1952 bis 1955 geleitet hatte. Eines Tages war es soweit, es wurden die Entwürfe für das große Erneuerungswerk ausgestellt. Einer der Pläne sah die Unterfangung des Großen Saales mittels einer T-förmigen stählernen Substruktion vor, die in die Mitte der im Erdgeschoss liegenden Garderobenhalle eingestellt werden sollte. Der Schreinswärterin verschlug es die Sprache – das soll wirklich kein Witz sein? Aus der Substruktion wurde nichts, die Garderobenhalle behielt ihre großzügig bemessene Dimension.

Rudolf Schwarz hatte den Isabellensaal als kleinen aber hochfeinen Festsaal konzipiert. Beeindruckend sind seine Höhe, die üppige Durchlichtung durch das sich über die gesamte Langseite erstreckende, in zarter Ätztechnik gestaltete Fenster und die in knappem Abstand zu ihm stehende Folge aus vier überschlanken Marmornadeln. 1962/63 wurde der Saal mit zwei von Jean Lurçat entworfenen Gobelins beglückt, die zwei der hohen Wände verhüllten. Damit hatte der Saal zwar zwei sehr schöne moderne Gobelins, doch auch seine Duftigkeit verloren. Deshalb stellte sich, als die Gobelins nach der Restaurierung wieder in den Isabellensaal

eingebracht werden sollten, die Schreinswärterin quer. Sie hielt sich nicht lange mit Begrün-
dungen auf, sondern entschied mit einem resu-
luten „Nix da – die Gobelins kommen da nicht
mehr rein!".

Möge Maria Schwarz ihr Wachteramt noch
viele Jahre erfolgreich wahrnehmen.

Helmut Fußbroich

Liebe Frau Schwarz,
zum Geburtstag viel Glück!

Es war eine der schönsten, aber auch eine der schwierigsten Aufgaben, den wunderbaren Bau von Rudolf Schwarz und Thomas Bernard, das „alte" Wallraf-Richartz-Museum in Köln, dem in so überzeugender Weise auf den Inhalt der Kölner Malerschule um Stephan Lochner hin fokussiert konzipierten Bau, auf einen neuen Inhalt hin zu richten.

Wirklich bewusst wurde mir das aber erst, als ich den Bau in seiner architektonischen Raumfolge von seiner doppelten Inhaltslast, dem Wallraf-Richartz-Museum und dem Museum Ludwig, befreit, bewusster erlebte. Ganz besonders deutlich wurde das dann nochmals durch das Engagement der „Nachfolge und Nachlass Schwarz Verantwortlichen", seiner Witwe Maria Schwarz, die sich mit all ihrem geistig architektonischen Gewicht in die Vorbereitungen der neuen inhaltlichen Planung für das Haus mit warnendem Zeigefinger einmengte.

Wir kannten uns bis dahin nur flüchtig. Von der Umzugsrochade der Kölner Museen informiert, setzte Frau Schwarz alles ihr Mögliche in Bewegung, um vermeintlich Schlimmeres bei dieser neuen inhaltlichen Ausrichtung für diese Inkunabel der Nachkriegsarchitektur in Köln zu verhindern. Mit O.M. Ungers und Dieter Baumewerd standen ihr auch zwei nicht unbekannte Architekten-Mitstreiter, Freunde, Verehrer und Kollegen, Schüler von Schwarz zur Seite, die mit persönlichem Einsatz bei der Stadt mit dafür sorgten, dass ohne das Einschalten der für das Durchsetzen der berechtigten urheberrechtlichen Belange bekannten streitbaren Witwe mit den größten Schwierigkeiten bei der Umsetzung neuer Planungen und eventueller baulicher Eingriffe zu rechnen sei.

Und in der Tat war Einsatz geboten. Der damalige Generaldirektor der Kölner Museen, Prof. Dr. Hugo Borger, hatte sich im Vorfeld der anstehenden Planungen schon dafür verwandt, dass die bauliche Ertüchtigung und Neueinrichtung des Museumsbaues nicht nur von den städtischen Stellen allein, sondern mit verantwortlicher zusätzlicher fachlicher Kompetenz von außen durchgeführt werden sollte, zumal das Haus durch seine jahrelange inhaltliche Doppelbelastung durch die beiden Museen vieles von seiner baulich substanziellen Gesamtcharakteristik schon eingebüßt hatte.

So war die wunderbare mehrgeschossige Halle mit dem Durchblick in den Innenhof, dem ursprünglichen Kreuzgang von Minoriten mit Blick auf die Kirche und damit auch baulich gestalteter historischer Brückenschlag zum ursprünglichen Inhalt, durch Nutzung für die Dauerausstellung Museum Ludwig verbaut worden, der aufsteigende breit angelegte Treppenaufgang war, ebenfalls als Ausstellungsfläche genutzt, kaum noch als der in erhabene Höhe führende sphärische Raum erlebbar, die großzügig verglasten Kabinette als Ruhepunkte im Museumsrundgang des ersten Obergeschosses mit dem Ausblick auf die Minoritenkirche gedacht, waren zugebaut und zu Ausstellungsräumen umfunktioniert worden, die Glasbausteinwände als belichtende transparente Abschirmung gedacht, wurden zu geputzten Massivwänden für die Bildpräsentation umfunktioniert etc..

In den Diskussionen mit Maria Schwarz wurde mir sehr schnell deutlich, welche „verborgenen Schätze" noch zusätzlich über den immer noch wirksamen geistig getragenen Raum- und Architekturrahmen hinaus in diesem Bau steckten, und es war für alle Beteiligten an den Diskussionen um die Neuausrichtung des Hauses sehr schnell klar, mit welchem baulich-räumlichen Schatz man es auf der einen Seite und mit welcher geistigen Kämpferkraft von Maria Schwarz man es auf der anderen Seite zu tun hatte.

Aus der anfänglichen Skepsis und unserem gegenseitigen Abtasten wurde aber sehr schnell ein sehr anregendes konstruktives Miteinander, und nachdem Maria Schwarz spürte, dass meinerseits die notwendige Sensibilität und Wertschätzung diesem Bau gegenüber waltete, ließ sie mir auch in den Diskussionen um die Wiederherstellung alter Raumqualitäten und spannungsvoller zu durchschreitender unterschiedlicher Raumsequenzen jede Freiheit in den oft auch nicht ganz einfachen, von technischen und wirtschaftlich-finanziellen Forderungen belasteten baulichen Entscheidungen.

Es gab in diesen die Qualitäten des Hauses betreffenden Diskussionen sehr bald aber auch kaum noch Kontroversen in den notwendigen Prioritätensetzungen mehr, weder mit dem städtischen Hochbauamt noch mit der Museumsleitung, Frau Dr. Klesse, Herrn Prof. Borger und den übrigen Kuratoren und Mitarbeitern des Hauses.

Unser gemeinsames Ziel war es, an erster Stelle das Haus als eines der wichtigsten architektonischen Musterbeispiele angewandter Kunst im Museum für Angewandte Kunst wieder sichtbarer und erlebbar werden zu lassen.

An zweiter Stelle galt es dann, die Inhalte des neuen Museums, die angewandte Kunst, der vielen anderen handwerklich-künstlerischen Disziplinen ohne Störfaktoren durch die Ausstellungs-Präsentationsmittel und Überfrachtung der Bestückung wirksam zu installieren.

Erst an die dritte Stelle trat die Gestaltung der architektonischen Präsentationshilfsmittel selbst, als Elemente gut gestalteten heutigen Designs und unter Nutzung der dazu zur Verfügung stehenden Technik.

Maria Schwarz hat die Transformation dieses einmal als ganz spezielles Haus, für die Kölner Malerschule konzipierten Gebäudes mit Engagement und eingebrachtem Herzblut verfolgt. Ihr klares Plädoyer für die geistig-inhaltlich getragene Ursprungskonzeption dieses bis heute für Köln geglücktesten Museumsneubaus der Nachkriegsära hat stark mit dazu beigetragen, dass dieses bauliche Kleinod, das durchaus auch seine Widersacher hatte, dabei ohne irgendwelche Verfremdungen erhalten wurde und hoffentlich noch so weiter erhalten bleibt.

Die streitbare Maria Schwarz hat sich nicht nur für die Erhaltung der zum Teil auch unter ihrer direkten architektonischen Mitwirkung entstandenen Bauten von Schwarz verdient gemacht, auch in ihren eigenen Werken hat sie diese klare, einfache aber überzeugend von innerer Kraft getragene Gestaltungslinie vertreten und umgesetzt, und für diese Größe und Stärke verdient sie unser aller Dank.

Alle, die sie kennen, hat sie immer wieder ein Stück an den inhaltlichen Kern der Dinge herangeführt, und auch für mich war sie als Architekten-Persönlichkeit direkte und indirekte Stütze für viele gestalterische Entscheidungen.

Zu ihrem 90. Geburtstag wünsche ich ihr viel Glück und alles Gute, verbunden mit der Bitte und dem Wunsch, sich doch noch länger mit ihrer geistigen ungebrochenen Präsenz weiter in das architektonische Schaffen, nicht nur im Schwarz'schen Nachlass und nicht nur in Köln, einzumischen.

Liebe Frau Schwarz,

vor mehr als 30 Jahren hatten wir für das von uns neu gegründete Archiv des Fotografen Albert Renger-Patzsch den Wunsch, seine Zusammenarbeit mit Rudolf Schwarz zu erforschen und den bis dahin kleinen Bestand an Dokumenten und Fotografien zu erweitern und zu vervollständigen.

Sie waren spontan bereit, als Nachlassverwalterin Ihres Mannes, uns zu helfen und uns Einsicht in das bei Ihnen gehütete Archiv zu gewähren.

In einer frühen Ausgabe der Zeitschrift DIE FORM von 1928 beeindruckten Rudolf Schwarz die dort abgebildeten Aufnahmen eines ihm bis dahin unbekannten Fotografen so sehr, dass er ihn um Aufnahmen für sein erstes Werkbuch der Kunstgewerbeschule Aachen bat, die als Bildteil seinen Text in „Wegweisung der Technik" ergänzen sollten. Albert Renger- Patzsch war sofort bereit, diesem Wunsch Folge zu leisten. Ein heute sehr begehrtes Werkbuch kam zustande, weitere waren geplant.

Mit den Fotoaufträgen für die drei Aachener Bauten entstanden ein intensiver Gedankenaustausch und die Erkenntnis, dass die Sicht des Fotografen auf die noch heute als Höhepunkte moderner Architektur geltenden Schwarz-Bauten selbst dem Architekten ihre Bedeutung offenbarte. Die Aufnahmen von Albert Renger-Patzsch setzten auch für die moderne Architekturfotografie neue Maßstäbe.

Bedauerlicherweise wurde diese schöpferische Zusammenarbeit nach dem Kriege nicht fortgesetzt. Die Wege trennten sich. Gleichwohl waren die wenigen Jahre für beide außerordentlich bedeutungsvoll.

Und wenn wir heute dies lückenlos dokumentieren können, dann hat Ihre Hilfe, liebe Frau Schwarz, daran erheblichen Anteil, die wir dankbar anerkennen.

In diesem Zusammenhang konnten wir mit dem Suermondt-Ludwig-Museum in Aachen 1997 die Ausstellung „Rudolf Schwarz und Albert Renger-Patzsch, der Architekt, der Fotograf und seine Aachener Bauten" durchführen, die in dem begleitenden Katalog neben der Geschichte über die Entstehung vortrefflich die Feststellung des Architekten über Rengers Fotografien dokumentierte: „Was wäre Architektur ohne Fotografen."

Ihr Herzenswunsch über die Jahre war die Neuherausgabe des legendären und inzwischen sehr seltenen Buches „Wegweisung der Technik" von 1928 in seiner ursprünglichen Form. Es gelang uns im Jahr 2008 in gemeinsamer Anstrengung in einer im Vergleich mit dem Original verblüffenden Qualität. Auch nach mehr als 80 Jahren hat die Gestaltung dieses Werkes seine moderne und lebendige Form erhalten können.

Sie haben mit großer Sorgfalt und Ordnung das Werk von Rudolf Schwarz in Verbindung mit Ihren eigenen Arbeiten zu einem Archiv geformt. Es gelang Ihnen einen würdigen Ort zu finden, wo es für die Nachwelt und die wissenschaftliche Öffentlichkeit zugänglich ist. Seine Bedeutung wird durch die Aufnahme und Pflege anerkannt und im Archiv der Diözese Köln wird einmal alles über Rudolf Schwarz und Ihre nachfolgende Tätigkeit zu finden und zu erforschen sein.

Gleichermaßen haben wir mit der Aufnahme des Archivs des Fotografen Albert Renger-Patzsch in der Pinakothek der Moderne in München einen Ort gefunden, der uns auf Dauer den Erhalt der vielen Fotografien und Dokumente garantiert. Nicht nur der Erhalt ist uns wichtig, sondern die Nutzung durch nachkommende Generationen, denn nur mit der Kenntnis der Leistungen der Vergangenheit kann Neues entstehen.

Nach 90 Jahren können wir über Ihr Lebenswerk nur staunen und weiter nur Gutes wünschen. Sie folgen der uns kürzlich in einem Interview begegneten Lebensweisheit: „Das Wichtigste am Altwerden ist, mit dem Tätigsein nicht aufzuhören."

Herzliche Grüße und einen schönen Geburtstag!

Gratulation an Frau Professor Schwarz von der Fakultät für Architektur der TU München

Das Fach Sakralbau ist nicht nur ein wesentlicher Lehrinhalt der Fakultät für Architektur, es ist an unserer Hochschule seit vielen Jahrzehnten auch explizit als Thema im Bereich Entwerfen ausgewiesen. Dabei geht es nicht nur um die aktuelle Diskussion, Theoriebildung und zeitgenössische Bauten: Keine andere architektonische Gattung kann auf einen vergleichbaren Fundus an historisch herausragenden Beispielen zurückblicken, weshalb der Sakralbau einen der durchgängigsten und verlässlichsten Erkenntnisbereiche für die Forschung und Lehre des Bauens darstellt. Das weite Spektrum der baulich-fachlichen wie der räumlich-architektonischen Mittel vermittelt grundlegende Einsichten in die nichtverbale Sprache der Architektur.

Seit 1997 hatte Professorin Maria Schwarz als Lehrbeauftragte das Fach Sakralbau am Institut für Raumgestaltung und Entwerfen unterrichtet, 2005 wurde ihre Tätigkeit mit der Verleihung einer Honorarprofessur gewürdigt.

Zu dieser Verleihung haben sich namhafte Kollegen als Gutachter geäußert: die Professoren Dr. Wolfgang Pehnt vom Kunstgeschichtlichen Institut der Ruhr-Universität Bochum, Dr. Albert Gerhards, Geschäftsführender Direktor der Katholisch-Theologischen Fakultät der

Maria Schwarz mit Studenten der Architektur an der TU München 2003

80. Geburtstag von Maria Schwarz in München 2001

Universität Bonn, Friedrich Kurrent, Emeritus und Mitglied unserer Fakultät, und Oswald M. Ungers.

Alle Gutachten bekunden uneingeschränkte Zustimmung und höchsten Respekt und betonen mit Nachdruck Kompetenz und Leistung von Maria Schwarz in Lehre und Forschung. Neben dem klaren, unverwechselbaren Profil der Arbeiten wurde vor allem ihr außerordentliches persönliches Engagement und Interesse und das ungewöhnliche Arbeitspensum hervorgehoben, auch in Hinblick auf Vorträge und Veröffentlichungen. So hatte etwa ihr Beitrag „Vom Profanen zum Sakralen" zum Wiederaufbau der Universitätskirche in Leipzig große Beachtung gefunden. Ihr Vorschlag, den Ort wieder mit einer sakralen Einrichtung zu besetzen, auf eine plangenaue Rekonstruktion jedoch zu verzichten und einen neuen Ausdruck zu fordern, traf nicht die populäre Meinung, weist aber durch die Klarheit der Argumente einen ermutigenden, zukunftsgerichteten und kraftvollen Weg.

Der Qualitätsbegriff in der Architektur ist Maria Schwarz' großes, eigentliches Thema, er ist Leitfaden ihrer Lehre und Thema vieler öffentlicher Vorträge und Tagungsbeiträge. Ihre Vorlesungen und ihre kritische Begleitung der Entwurfsarbeiten, bei denen sich die lebendigen, ja lebhaften Erinnerungen einer starken Persönlichkeit mit aktuellem Engagement verbinden, bleiben für unsere Studierenden unvergesslich.

Die Fakultät hat Maria Schwarz als eine wunderbare Pädagogin kennengelernt, der das besondere Vermögen einer ganz selbstverständlichen Zuneigung und Zuwendung gegenüber den jungen Menschen gegeben ist. Ihre profunden, Epochen überspannenden Kenntnisse erklären sich aus einem intensiven Studium der Baugeschichte. Theoretisches Wissen verstand sie aber immer nur als Grundlage und Rüstzeug für den architektonischen Entwurf. Aus dieser Überzeugung heraus war und ist sie auch heute noch immer bereit, bei baulichen Fragestellungen, die ihren Themenbereich betreffen, beratend mitzuwirken. „Aus der Sicht eines Theologen, der sich mit der Ästhetik der klassischen Moderne und der Gegenwart in Architektur, bildender Kunst und Musik befasst, ist Maria Schwarz eine erstrangige Gesprächspartnerin," vermerkte Albert Gerhards. Die Fakultät für Architektur der TU München ist stolz, eine solch couragierte, kenntnisreiche und warmherzige Frau als Mitglied zu ihrem Kollegium zählen zu dürfen.

Im Namen unserer Absolventen und Studierenden, im Namen aller Mitglieder unserer Fakultät und der Technischen Universität München gratulieren wir herzlich zum Geburtstag!

Die „verschwundenen" Fahnen von St. Fronleichnam und ihre Wiederentdeckung mit Hilfe von Maria Schwarz

Seit Dezember 1970 wohne ich im Schatten der Fronleichnamskirche. Diese wohl berühmteste Kirche von Rudolf Schwarz, erbaut 1930, beeindruckt durch die Weite ihres Raumes ebenso wie durch die hohe, weiß gestrichene Decke und die ebenfalls weißen Wände. Dem Weiß kontrastiert der fast schwarz scheinende Blausteinboden. Das Fehlen jeden Bildschmucks – bis auf den gestickten, als via dolorosa gestalteten Kreuzweg an der Längswand des Seitenschiffs und die an dessen Stirnwand rechts hängende große Tafel mit der Madonna und dem Jesuskind mit Schlüsselblume – erweckt beim Erstbesucher den Eindruck einer Leere. Diese hat der Baumeister gewollt. Der mit Christus zum Gottesdienst versammelten Gemeinde sollte keine Ablenkung von der Hauptsache, dem eucharistischen Geschehen, geboten werden. Nicht wenig überraschte mich deshalb Ostern 1971 eine auffallende farbige Veränderung im Kirchenraum. Zwischen Haupt- und Seitenschiff, auf dessen Deckenhöhe, ragten sechs quadratische Fahnen, an Schlaufen auf Stangen gezogen, ins Hauptschiff hinein. Drei Fahnen hingen vom Hauptportal aus gesehen vor dem schwarzen Seitenpfeiler mit der würfelförmigen Kanzel und drei Fahnen vom Seitenpfeiler in Richtung Altarwand. Eine genauere Betrachtung der Fahnen ergab folgende Daten: Die Fahnen maßen 140 Zentimeter mal 140 Zentimeter und waren aus Leinenstoff (vermutlich handgewebt). Bei vier Fahnen bildete ein gräuliches Weiß die Grundfläche. Auf diesem hellen Grund waren in Form des griechischen Kreuzes jeweils Kreuze unterschiedlicher Breite, jedoch mit ihren Längs- und Querbalken bis an die vier Seiten der quadratischen Grundfläche reichend, aufgetragen. Die Farben der Kreuze waren Rot und Blau. Auf der roten Grundfläche einer fünften Fahne war ein schwarzes Andreaskreuz über die ganze Strecke beider Diagonalen des Quadrates zu sehen. Die sechste, blaue Fahne gleicher Größe zierte ein weißes Kreuz, wieder in Form des griechischen Kreuzes. Auch dessen Längs- und Querbalken reichten bis zu den Seiten des Quadrates der Grundfläche. Die sechs Fahnen wiesen durch Material, Farben und Gestaltung deutlich auf handwerkliche Konzeption und Gestaltung hin. Dieser farbige Fahnenschmuck war nur in der Zeit von Ostern bis Pfingsten zu sehen. Er war also temporär und wohl dazu gedacht, die höchste Festzeit des Kirchenjahres durch einen besonderen Farbschmuck augenfällig werden zu lassen.

Ab 1975 und weiter darüber hinaus sah ich die dekorativen Fahnen zur Osterzeit nicht mehr. Sie schienen „verschwunden". Auf gelegentliche Fragen nach ihrem Verbleib konnte man unterschiedliche Antworten vernehmen, die aber samt und sonders den Verdacht bloßer Vermutungen erregten: So wurde z. B. der Pfarrerwechsel als Grund vermutet. Diese Annahme klang deshalb wenig plausibel, denn besagter Wechsel in der Gemeindeleitung fand erst 1976 statt. Eine weitere Vermutung wollte das Verschwinden gar mit der „Herkunft" der Fahnen erklären. Diese sollten nämlich gar nicht auf die Zeit der Erbauung von St. Fronleichnam durch Rudolf Schwarz zurückgehen, sondern auf einen von 1934 bis 1944 in der Fronleichnamsgemeinde tätigen Kaplan, der seit 1933 ein sehr aktives Mitglied der Nazipartei war. Bei dieser Annahme wäre also die fehlende Authentizität der Fahnen womöglich der Grund dafür gewesen, warum sie seit 1975 nicht mehr aufgehängt wurden und somit als „verschwunden" erschienen. August Brecher verfasste 1996 ein Buch zur Geschichte der Erbauung der Fronleichnamskirche und der gleichnamigen Pfarrgemeinde unter dem Titel „Eine junge Pfarre im Aachener Ostviertel. Die Pfarre St. Fronleichnam 1930–1996", erschienen 1997 im Aachener Einhard-Verlag. Dort (S. 79–83) finden sich zwar gründlich recherchierte Ausführungen über die Tätigkeit des besagten Kaplans. Aber die Fahnen werden ihm nicht zugeschrieben. Dennoch führt der Autor Brecher die Fahnen nicht auf Rudolf Schwarz zurück, sondern zählt sie zu den Inventarstücken der Kirche, die Rudolf Schwarz als „bedauerliche Zutaten" (S. 63) qualifiziert habe. Denn in

Kirche St. Fronleichnam in Aachen, Innenraum mit Fahnen

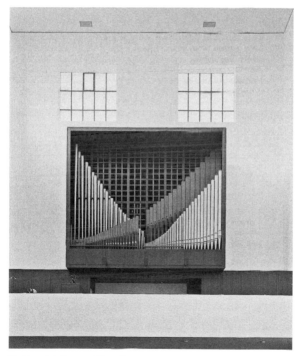

St. Fronleichnam, Orgel

diesem Zusammenhang widmet Brecher der Herkunftsfrage der Fahnen unter der Überschrift „Fahnen für St. Fronleichnam" noch eigens einen kleinen Abschnitt. Dort heißt es, dass vier lange rote Fahnen, mit einem roten Kreuz in einem weißen Quadrat am jeweils oberen Ende, ursprünglich für die Beflaggung des Kirchturms gedacht, schließlich neben den Hochaltar zur Aufstellung gelangt seien. Dann schreibt Brecher wörtlich: „Bald kamen noch zwei blaue und zwei schwarze Fahnen hinzu. Die großen Fahnen an der Altarwand und weitere kleinere Fahnen, die vom Seitenschiff in das Hauptschiff ragten, Lorbeerbäume neben und eine Palme hinter dem Altar waren sicher nicht im Sinne des Erbauers." (S. 64).

Die Ausstellung, die Maria Schwarz 1997 aus Anlass des 100. Geburtstages ihres Mannes Rudolf und zu dessen Ehre im Museum für Angewandte Kunst in Köln veranstaltete, brachte nicht nur den entscheidenden Fingerzeig zur „Wiederentdeckung" der seit 1975 „verschwundenen" sechs Fahnen, sondern klärte auch deren Echtheit aus der Zeit des Erbauers und seiner Mitstreiter. Unter vielen anderen Exponaten hatte Maria Schwarz auch drei der oben beschriebenen sechs Fahnen sowie eine Station des ebenfalls schon erwähnten gestickten Kreuzweges ausgestellt. Da letzterer von Rudolf Schwarz bereits 1929 bei Wilhelm Rupprecht in Köln in Auftrag gegeben wurde (vgl. A. Brecher, S. 62), wies eine seiner Stationen als Ausstellungsstück darauf hin, dass auch die drei mit ausgestellten Fahnen von Wilhelm Rupprecht im Abstimmung mit Rudolf Schwarz geschaffen wurden. Auf Nachfrage erfuhr ich nach dem Ausstellungsbesuch im Pfarrbüro von St. Fronleichnam, Frau Schwarz habe drei Fahnen für die Ausstellung zur Ausleihe erbeten. Nun fanden sich rasch in einer Schublade in der Sakristei die drei restlichen Fahnen. Die dazugehörigen Fahnenstangen und Aufhängevorrichtungen waren ebenfalls noch vollständig vorhanden. Die scheinbar „verschwundenen" Fahnen waren also nur weggeschlossen worden. Der Grund dafür interessierte (jedenfalls mich) nicht mehr. Dank Maria Schwarz fanden die Fahnen den Weg zurück in die Fronleichnamskirche. Nach Beendigung der Ausstellung in Köln und andernorts zieren sie seit 2001 wieder mit ihren kräftigen Farben von Ostern bis Pfingsten und nun auch noch hin bis zum Patrozinium am Fronleichnamsfest den sonst nur weiß und schwarz gehaltenen Kirchenraum.

Liebe Frau Schwarz,

es war für mich ein besonderes Erlebnis, Sie bereits direkt nach meinem Amtsantritt als Direktorin des Museums für Angewandte Kunst Köln (MAKK) Anfang März 2010 kennenlernen zu können.

Seit dieser Zeit sind wir regelmäßig in Kontakt. Sie begleiten engagiert und in der für Sie typischen Art auch kritisch meine Überlegungen und Planungen für das MAKK. Im Vordergrund steht derzeit natürlich die für unser Haus so wichtige Fenstersanierung, die wir bald angehen können.

Besonders gerne erinnere ich mich an die Präsentation des Buches „Die Plangestalt des Ganzen. Rudolf Schwarz und seine Zeitgenossen" von Prof. Dr. Wolfgang Pehnt, die anlässlich des 50. Todestages Ihres Mannes dieses Jahr in unserem Museum stattfand.

Für diese Publikation hatten Sie bisher bewusst von Ihnen noch nicht veröffentlichte Skizzen von Rudolf Schwarz zur Verfügung gestellt, deren Entstehung Sie während der Pressekonferenz eindrucksvoll beschrieben haben. Für Ihre Erläuterungen benutzten Sie ein handschriftliches Skript. Dieses hat mich sehr beeindruckt, da hierin nicht nur Ihre Notizen, sondern auch die von Ihnen eigenhändig gezeichneten Skizzen von Rudolf Schwarz zusammengestellt waren. Interessant und erwähnenswert ist diese Vorgehensweise vor allem deshalb, da Sie das Skript wie eine Art Drehbuch zusätzlich zu einer Powerpointpräsentation benutzt haben, übrigens ein Medium, das Sie zu dieser Veranstaltung erstmalig benutzten. Diese Art der Vorgehensweise ist, so habe ich Sie jedenfalls erlebt, ganz charakteristisch für Sie: die Tradition und die überlieferten Werte bewahren, aber trotzdem den Errungenschaften der Moderne stets aufgeschlossen!

Ich freue mich noch auf zahlreiche gemeinsame Gespräche und Unternehmungen!

Zu Ihrem 90. Geburtstag sende ich Ihnen die besten Wunsche stellvertretend für alle Mitarbeiterinnen und Mitarbeiter des Museums für Angewandte Kunst Köln (MAKK)

Petra Hesse

„Wie kann es sein, dass diese nahen Tage fort sind, für immer fort, und ganz vergangen?"

Hugo von Hofmannsthal „Über die Vergänglichkeit"

Sie, liebe Maria Schwarz, saßen in der ersten Reihe, und an Sie vor allen anderen richtete Ihr Mann jenen denkwürdigen Satz: „Man muss verheiratet sein, um voll und ganz verstehen zu können." Das war im August 1951 in Darmstadt, er als Redner des zweiten „Darmstädter Gesprächs" und Frischvermählter, Sie als seine den wenigsten Zuhörern bekannte Angetraute. Sie sollen rot geworden sein, und ich bin sicher, dass in Ihnen, rückblickend auf jenen Moment, auch heute, sechzig Jahre später, gute Gefühle aufsteigen. Nur zehn gemeinsame Jahre waren Ihnen als Ehepaar und Architekten-Duo vergönnt, so möchte ich Ihnen heute zu Ihrem Ehrentag einige meiner kleinen Erinnerungen an Ihren Mann schenken.

Auch ich war damals als Student (Foto) nach Darmstadt gekommen, um den Vortrag Ihres Gatten zu hören, dem ein Ruf als exzellenter Redner vorauseilte. Und um ein wenig in der Welt dieser prominenten Architekten und Städtebauer wie Rudolf Schwarz, Otto Bartning und Hans Schwippert zu schnuppern, die sich gemeinsam mit Philosophen Gedanken über „Mensch und Raum" machten. 1953 wurde Ihr Mann dann

Ernst Althoff, Student der Baukunst bei den Professoren
Rudolf Schwarz und Hans Schwippert an der Kunstakademie Düsseldorf im Jahre 1959 (Foto Werner Motte)

als Professor für Städtebau an die Kunstakademie Düsseldorf berufen und ich – Student in der Klasse von Hans Schwippert – lernte seine hintergründigen und ironischen Bemerkungen kennen. So vertrat er die Auffassung, dass mit dem „Einauge des Fortschritts", dem Fotoapparat, das Wesen eines Bauwerkes nicht zu erfassen sei. Ein andermal stieß Rudolf Schwarz zu einer Gruppe von Studierenden hinzu, die gemeinsam mit ihrem Professor in der Zeitschrift DOMUS die neuen Olivetti-Ausstellungsräume in Venedig bestaunten. Er warf einen kurzen Blick auf die Abbildungen und meinte: „Die schlimmsten Auswirkungen der Neuen Sachlichkeit scheinen überwunden zu sein." Liebe Maria Schwarz, diese beiden Sätze sind mir im Gedächtnis geblieben, weil sie so vielsagend den Standpunkt Ihres Mannes in der deutschen Architekturgeschichte markieren. Schließlich möchte ich Sie an einer Anekdote teilhaben lassen, die mich leicht eitel erscheinen lässt: 1957 hatte ich meine Abschlussarbeit vor einer Prüfungskommission unter Vorsitz von Rudolf Schwarz erläutert, und die Lehrer zogen sich zur Beratung zurück. Knapp und bündig lautete sein Vorschlag: „Geben wir ihm Auszeichnung und gehen essen!"

Gezeichnet: Maria Lang …

Als ich mich vor nunmehr fünfzehn Jahren eingehend mit dem Werk von Hans Schwippert zu beschäftigen begann, begegnete mir im Zusammenhang mit dessen frühen Aachener Entwürfen immer wieder ein Name, den ich damals noch kaum einzuordnen wusste: „Gezeichnet: Maria Lang". Erst allmählich wurde mir klar, dass dies der Mädchenname von Maria Schwarz, der späteren Ehefrau des berühmten Rudolf Schwarz, war. Und ich stellte mit ehrfurchtsvollem Erstaunen fest, wie weit die Spuren der Architektin, die längst nicht mehr nur als Weggefährtin des großen Kirchenbaumeisters, sondern als eigenständige Künstlerpersönlichkeit von Rang wahrgenommen wurde, in die Geschichte zurückreichten.

Auf eine jahrzehntelange Freundschaft, wie sie nahezu alle in dieser Festschrift versammelten Freunde und Kollegen mit Maria Schwarz verbindet, kann ich demnach leider nicht zurückblicken. Umso mehr freut es mich, dass sich mit Maria Schwarz, die ich im Zusammenhang mit meinen Forschungen über Schwippert dann bald persönlich kennenlernen durfte, ein über das Kollegiale hinaus reichendes, ja geradezu herzliches Verhältnis entwickelte, das bis heute anhält.

WOHNGERÄT 43.

ZU TRANSPORT UND VERPACKUNG : ALLE GRÖSSEREN STÜCKE UND
TYPEN WOHNGERÄT 43 SIND VÖLLIG ZERLEGBAR
UND BLEIBEN ZERLEGBAR!

BEISPIELE :

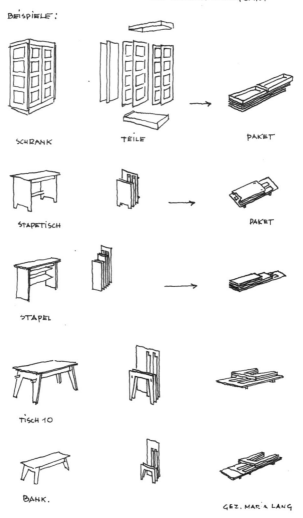

SCHRANK   TEILE   PAKET

STAPETISCH   PAKET

STAPEL

TISCH 10

BANK.

GEZ. MARIA LANG

Auszug aus dem unpublizierten Katalog *Wohngerät 43*,
1943

Gerade zweiundzwanzig Jahre alt war die Architekturstudentin, als sie zu Beginn der vierziger Jahre im Aachener Atelier von Hans Schwippert zu arbeiten begann, der zugleich ihr Lehrer für Handwerkskunde und Entwurf an der Technischen Hochschule war. Damals beschäftigte sich Schwippert gerade im Rahmen eines Forschungsauftrags mit der Entwicklung von Typenmöbeln für „Volkswohnungen in industrieller Massenanfertigung", wie es in der schwülstigen Sprache jener Jahre hieß. Unter der Bezeichnung „Wohngerät 43" fasste Schwippert die Vielzahl von Entwürfen, dargestellt in bestechender Zeichentechnik, zu einem Katalog zusammen. Kurze Zeit später folgte noch eine „Hausrat-Fibel" mit Anleitungen und Möblierungsvorschlägen für den praktischen Gebrauch. Unter den Bedingungen der Diktatur und mitten im Zweiten Weltkrieg entstanden, waren diese Entwürfe ganz den exlstentiellen Nöten der Zeit geschuldet, die für eigensinnige künstlerische Experimente keinen Spielraum ließ. Umso mehr erstaunt die ganz und gar ideologiefreie Herangehensweise und die zeitlose Praktikabilität, die Schwipperts Entwurfsprogramm bis heute ausstrahlt: Einfachste Montage, komplette Zerlegbarkeit, schlichte Materialien und Anfertigung durch regionale Handwerksbetriebe charakterisierten diese Möbel, wobei sogar Verpackung und Logistik (Transport „auch nach auswärts!") bedacht wurden.

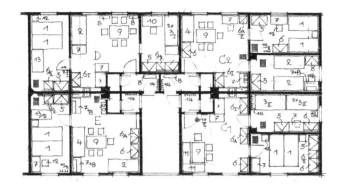

GEZ. MARIA LANG

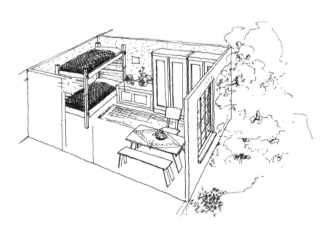

Auszug aus der unpublizierten *Wohnfibel* als Ergänzung zu
Wohngerät 43, 1943

Dass die junge Studentin von Schwipperts Erfahrung auf dem Gebiet der Typisierung profitierte, ist nicht zu übersehen. Denn bald entwickelten beide gemeinsam Entwurfsprogramme für beengte Wohnverhältnisse in einer Vielzahl von Formvarianten. Immer mehr setzte sich dabei die eigene Handschrift von Maria Lang durch, die diese Möbel zeichnete und auch die Möblierungsbeispiele für Behelfsheime und Notunterkünfte selbststandig entwickelte. Auf diese Weise entstanden Wohnungseinrichtungen für die Grundbedürfnisse der menschlichen Existenz: Bett, Schrank, Stuhl. Wo sechs oder zwölf Personen auf minimalem Raum unterzubringen waren, bedurfte es unkonventioneller Ideen: Tagsüber ließen sich Stockbetten zu Sitzgelegenheiten umbauen, Tische zusammenschieben und mit Stühlen zu einem gemeinsamen Esstisch verwandeln. Bei alledem stand stets die Würde des Menschen im Alltag im Vordergrund. Trotz aller Beengtheit.

Ich glaube, es war Karl Wimmenauer, dem ich seit dem Studium an der Düsseldorfer Kunstakademie die Fähigkeit verdanke, eine Zeichensprache „am Strich" zu erkennen. Und dessen Wort: „ein guter Grundriss liest sich wie eine Partitur" ich nie vergessen habe. Diese Zeichnungen und Grundrisse von Maria Schwarz tragen eine eigene Handschrift, und sie lassen sich wie Partituren lesen.

Persönlich begegnete ich Maria Schwarz erstmals im Jahr 2003, als ich über die Arbeiten ihrer frühen Jahre bereits ausführlich im Bilde war. Den ersten Besuch in dem von ihr und Rudolf Schwarz erbauten – in diesem Buch bereits beschriebenen – Wohn- und Atelierhaus in Köln-Müngersdorf habe ich in lebhafter Erinnerung, ebenso den überaus herzlichen Empfang. Eine weitere Begegnung erfolgte 2006 im Wohn- und Atelierhaus, das Hans Schwippert sich 1953/54 in Düsseldorf-Golzheim hatte errichten lassen. Der Anlass war ein ungewöhnlicher, nämlich ein filmisches Interview mit Zeitzeugen der Architekturgeschichte. So ungeheuer emphatisch verstand es Maria Schwarz damals, über die Zeit mit Rudolf Schwarz und Hans Schwippert zu berichten, dass man glauben konnte, beide kämen gleich zur Tür herein.

Maria Schwarz beschreibt aber auch die schwierigen Seiten, die Kriegszeit als Studentin an der Aachener TH, die Angst während des Fliegeralarms und die Flucht der Studierenden in den Keller – und die Rückkehr in den Hörsaal. All das erinnert mit einzigartiger Genauigkeit. Und sie erzählt von ihrer ersten Entwurfsaufgabe bei Hans Schwippert in Aachen, einem Schuhschrank: „Und dann haben wir erst einmal alle unsere Schuhe ausgezogen und gemessen, das dann auch zu Hause, Kinderschuhe, Sandalen und Stiefel, so bekamen wir erst einmal ein Gefühl für die Tiefe eines Schuhschrankes."

Sie spricht über Materialien und deren werktreue Verarbeitung, und man spürt, wie wichtig jedes architektonische Detail war: Türanschläge,

Maria Schwarz mit Agatha Buslei-Wuppermann bei der Vorbereitung zu einem Dokumentarfilm im Wohn- und Atelierhaus von Hans Schwippert im November 2006 in Düsseldorf

Wasserschenkel, Raum- und Schranktiefen. Sie erzählt, wie Schwippert mit ausladenden Gesten den Studierenden das Auftragen von Putzschichten veranschaulichte und buchstäblich „schmackhaft" machte – und dass sie dabei immerzu an ein Butterbrot denken musste.

Dass alle Studenten im Hörsaal damals Hunger hatten – während sie dies sagt, streicht sie mit der rechten Hand, an der sie noch immer ihren Ehering trägt, über die kahlen Wände im leeren Schwippert-Haus.

Chapeau! Der Architektin und Bewahrerin!

Chapeau! Danke für die Kraft der vergangenen Jahre!

Gratulation, Glück und Segen für alles Kommende!

Maria Schwarz 90

Die Bekanntschaft und spätere Freundschaft mit Maria Schwarz begann vor fünfzehn Jahren, 1996, als ich sie – wie auch Heinz Tesar aus Wien – als Gastkritikerin bei meiner letzten Diplomarbeit „Kathedrale unserer Zeit" an die TU-München eingeladen hatte.

Diese Tage intensiver Entwurfsbewertung und Kritik zeigten eine Architektin, die sich aus den Plänen und Darstellungen dieser siebzig Entwürfe im Kopf eine genaue Erscheinung der Baulichkeit und Räumlichkeit fertigte und gleichzeitig die geistigen Grundlagen mit einbezog.

Maria Schwarz war durch profunde Erfahrung aus der gemeinsamen Arbeit mit Rudolf Schwarz vorgebildet; aber Maria Schwarz war und ist kein Abziehbild ihres Mannes Rudolf Schwarz.

Es war daher ein Glücksfall, dass Maria Schwarz nach meinem Ausscheiden von der Münchener Architekturfakultät am Lehrstuhl Hannelore Deubzer mit dem Bereich „Sakralbau" betraut wurde, den sie zehn Jahre bei großem studentischem Gewinn betreute. Dabei ließ sie sich vom Vermächtnis des Rudolf Schwarz leiten: „Im Sakralbau tritt die Architektur an die Grenze und wird sie selbst."

Schöne Erinnerungen habe ich an die Burg Rothenfels durch zweimalige gemeinsame

Maria Schwarz mit Friedrich Kurrent in Johannesberg über
dem Rhein, Mai 2006

Besuche, anlässlich des dort stattgefundenen Rothenfelser Gesprächs „Reduktion und Gestalt" und der von Maria Schwarz im Jahre 2000 geleiteten Studenten-Exkursion, die bis Aachen und Köln führte.

Der Ausklang dieser Exkursion im Gartenhof des Atelier- und Wohnhauses am Lövenicher Weg in Müngersdorf, am Rande des geheimnisvollen Waldes, bleibt mir als Ort und durch die berührende Menschlichkeit der Gastgeberin immer im Bewusstsein. Es war eine Sternstunde am lichten Tag.

Zwischendurch konnte ich helfen, das grundlegende, längst vergriffene Buch von Rudolf Schwarz „Vom Bau der Kirche" in einem Salzburger Verlag neu aufzulegen.

Auch bei der Installation der Schwarz-Ausstellung im Wiener Architekturzentrum konnte ich beistehen. Brieflich und telefonisch war ich immer unterrichtet, wie viel Maria Schwarz an der Erhaltung und notwendigen Erneuerung von Schwarz-Bauten in Frankfurt (Paulskirche, St. Michael), Köln (Gürzenich und eine Reihe von Kirchenbauten), Johannes Kirchen über dem Rhein, geleistet hat. Im Bistum Essen steht noch einiges bevor. Berlin ging schief; die Kirche St. Raphael in Berlin-Gatow wurde wenige Tage vor der Unterschutzstellung abgerissen! Schon der großartige Entwurf der „Stufenberg" für Berlin-Plötzensee wurde bekanntlich nicht realisiert.

Das jüngste Buch von Wolfgang Pehnt „Rudolf Schwarz und seine Zeitgenossen" ist Maria Schwarz gewidmet. Wenn man bedenkt, dass Rudolf Schwarz schon 1961 – ein Jahr vor dem Zweiten Vatikanischen Konzil – gestorben ist und inzwischen fünfzig Jahre vergangen sind, kann man den Einsatz von Maria Schwarz für die Architektur als kulturelle Leistung nicht hoch genug würdigen.

F. Sturrent

Collage/Dankbild zum 90. Geburtstag für Maria Schwarz,
angefertigt in Tusche und Bleistift auf Transparentpapier
von Martin Struck, Erzdiözesanbaumeister, Köln 2011

Biografie
Maria Schwarz

Maria Schwarz, geborene Lang, kam am 3. Oktober 1921 in Aachen zur Welt. Sie wuchs als zweites von drei Kindern von Josef und Elisabeth Lang in Aachen auf. Ihr Vater war im Spenglerunternehmen der Familie tätig, hatte jedoch ursprünglich Architektur studiert und weckte bei seinen Kindern das Interesse an diesem Beruf.

Sie studierte ab 1941 Architektur bei Otto Gruber, René von Schöfer und Hans Schwippert an der Technischen Hochschule Aachen. Im Jahre 1943 führte sie mit Schwippert ein Forschungsprojekt *Wohngerät 43*, Wohnen für Behelfsheime durch. Nach ihrem Abschluss als Diplom-Ingenieurin 1946 war sie zunächst als Mitarbeiterin von Schwippert und Schöfer an den Wiederaufbauplanungen von Aachen und Jülich beteiligt

1949 wechselte sie als Architektin zur Wiederaufbaugesellschaft nach Köln, wo sie unter der Leitung von Rudolf Schwarz mit Kollegen wie Fritz Schaller und Gottfried Böhm an der Umsetzung des Generalplans für den Wiederaufbau der zerstörten Stadt arbeitete. Zwei Jahre später heirateten sie und Rudolf Schwarz. Seitdem war Maria Schwarz an vielen Projekten der Ateliergemeinschaft, oft gemeinsam mit Karl Wimmenauer, beteiligt. Nachweisbar ist bis zum Tod von Rudolf Schwarz 1961 ihre Mitwirkung an zehn Kirchenbauten.

Nach dem Tod ihres Ehemannes, Rudolf Schwarz, übernahm Maria Schwarz 1961 die Leitung der Büros in Köln und Frankfurt und widmete sich bis 1967 vor allem der Fertigstellung seiner geplanten und unvollendeten Bauwerke. Dazu gehörte etwa St. Theresia in Linz, St. Pius in Hausen, St. Bonifatius in Aachen oder St. Raphael in Berlin. In den Folgejahren realisierte sie mit ihren Mitarbeitern unter anderem Kirchturm- und Altarentwürfe – letztere wurden insbesondere nach dem Zweiten Vatikanischen Konzil und der damit verbundenen baulichen Veränderungen in Kirchenräumen erforderlich.

Ein langjähriger Schwerpunkt ihrer Tätigkeit ist die Verwaltung des Nachlasses von Rudolf Schwarz. Nach dem Tod des Architekten begann sie mit der Suche nach einem Archiv, das einerseits hinreichend finanzielle Ressourcen zur wissenschaftlichen Aufarbeitung der Hinterlassenschaft bereitstellen konnte, ihr selbst andererseits die aktive Mitarbeit daran ermöglichen würde. Die Auswahl fiel schließlich 1988 auf das Historische Archiv des Erzbistums Köln, das für die Erschließung des Nachlasses eigens eine Planstelle einrichtete.

Seit 1992 arbeitet Maria Schwarz in Bürogemeinschaft mit zwei weiteren selbständigen Architektinnen. Schwerpunkte ihrer Arbeit lagen seither auf Umgestaltungs- und Renovierungsarbeiten von Kirchen sowie dem Entwurf etlicher Orgelprospekte. Hinzu kam ab 1995 ein Lehrauftrag an der Technischen Universität München.

Bauten

1946–1954	Wettbewerb und Wiederaufbau der Pfarrkirche St. Mechtern in Köln-Ehrenfeld (Mitarbeit)
1949–1955	Festhaus Gürzenich und St. Alban in Köln (Mitarbeit)
1950–1952	Pfarrkirche St. Marien in Köln-Kalk (Mitarbeit)
1950–1953	Innenausbau der Liebfrauen-kirche in Trier (Mitarbeit)
1952–1954	Pfarrkirche St. Albertus Magnus in Andernach (Mitarbeit)
1951–1956	Pfarrkirche St. Anna mit Gemeinde-zentrum in Düren (Mitarbeit)
1952–1956	Pfarrkirche St. Michael mit Pfarrhaus in Frankfurt am Main (Mitarbeit)
1942–1954	Pfarrkirche Maria-Königin mit Gemeindezentrum (Mitarbeit)
1957–1959	Gemeindezentrum Maria Königin in Saarbrücken (Mitarbeit)
1952–1953	Innenraum der Hohen Domkirche in Münster (Westfalen) (Mitarbeit)

Pfarrkirche St. Franziskus in Essen-Bedingrade (Partnerin)	**1954–1957**
Einfamilienhaus Schwarz mit Büro in Köln-Müngersdorf (Partnerin)	**1954–1956**
Pfarrkirche St. Christophorus mit Gemeindezentrum (Fertigstellung)	**1954–1965**
Pfarrkirche St. Theresia mit Gemeindezentrum in Linz-Keferfeld (Partnerin, Fertigstellung)	**1956–1963**
Pfarrkirche St. Florian in Wien-Margareten (Fertigstellung)	**1956–1963**
Pfarrkirche Christ König in Weinbach-Gräveneck (Partnerin, Fertigstellung)	**1956 1966**
Pfarrkirche St. Pius X. mit Gemeindezentrum in Wuppertal-Barmen (Fertigstellung)	**1957–1963**
Pfarrkirche St. Pius mit Gemeindezentrum in Obertshausen (Durchführung)	**1958–1962**
Pfarrkirche St. Bonifatius mit Gemeindezentrum in Aachen-Forst (Partnerin, Durchführung)	**1959–1964**

1959–1965	Pfarrkirche St. Raphael in Berlin-Gatow (Durchführung) (2005 abgerissen)
1959–1964	Pfarrkirche St. Bonifatius mit Gemeindezentrum in Wetzlar (Durchführung)
1959–1965	Pfarrkirche St. Ludger in Wuppertal-Vohwinkel (Durchführung)
1960–1967	Pfarrkirche Heilig Kreuz in Soest (Durchführung)
1970er Jahre	Neugestaltung und Renovierung des Chorraums der Pfarrkirche St. Mechtern in Köln-Ehrenfeld
1986 – 1988	Umgestaltung der Frankfurter Paulskirche (künstlerische Leitung)

Auszeichnungen

2000	Ehrenplaketten des Architekten- und Ingenieur-Vereins Köln
2008	Ehrenmitgliedschaft des Architekturforums Rheinland
2011	Ehrenmitgliedschaft der Kunstakademie Düsseldorf

Schriften

Rudolf Schwarz: Wegweisung der
Technik und andere Schriften zum
Neuen Bauen 1926–1961, hrsg. von
Maria Schwarz und Ulrich Con-
rads (= Bauwelt Fundamente, 51),
Braunschweig / Wiesbaden 1979.

1979

Rudolf Schwarz, hrsg. von Manfred
Sundermann, Claudia Lang,
Maria Schwarz (= Archi-
tektur und Denkmalpflege,
Band 17), Bonn 1981.

1981

Rudolf Schwarz: Kirchenbau.
Welt vor der Schwelle, hrsg. von
Maria Schwarz, Albert Gerhards
und Josef Rüenauver, ND der 1.
Aufl. 1960, Regensburg 2007.

2007

Annette Krapp: Die Architektin
Maria Schwarz. Ein Leben für den
Kirchenbau (= Bild – Raum – Fei-
er. Studien zu Kirche und Kunst,
Band 14), Regensburg 2015.

2015

Autorenliste

PROF. DR. WOLFGANG PEHNT
Architekturwissenschaftler,
Journalist und Autor, Köln

PROF. DR. ALBERT GERHARDS
Geschäftsführender Direktor Katholisch-
Theologische Fakultät, Rheinische
Friedrich-Wilhelms-Universität, Bonn

DR. DR. MULT. ULRICH CONRADS
Journalist, Berlin

DIPL.-ING. ARCHITEKT JOSEF RÜENAUVER
Erzdiözesanbaumeister a. D., Köln

PROF. DR. HILTRUD KIER
Kunsthistorikerin, ehemalige
Stadtkonservatorin und Generaldirektorin
der Museen der Stadt Köln, Niederelvenich

DR.-ING. OTMAR SCHWAB
Ingenieur und Bauforscher, Köln

DR.-ING. KARL JOSEF BOLLENBECK
Architekt a.o. BDA, Brühl

PROF. DIETER G. BAUMEWERD
Architekt, Münster

DIPL.-ING. WALTRAUT & HARALD LUDMANN
Architekten BDA, Köln

DIPL.-ING. HILDE STROHL-GOEBEL
Architektin, Dreieich

DR. URSULA KOPF-WENDLING
Kunsthistorikerin, Freiburg

DR. HELMUT FUßBROICH
Kunsthistoriker und Autor, Köln

DIPL.-ING. WALTER VON LOM
Architekt BDA, Köln

ARCHIV ANN UND JÜRGEN WILDE
Zülpich

PROF. DR. MULT. JOHANNES FLOß
Aachen

PROF. DIPL.-ING. HANNELORE DEUBZER
Architektin, Fakultät für Architektur der
Technischen Universität München

DIPL.-ING. BARBARA SCHELLE
Architektin, Fakultät für Architektur der
Technischen Universität München

DR. PETRA HESSE
Direktorin Museum für Angewandte
Kunst MAKK, Köln

PROF. ERNST ALTHOFF
Architekt, Krefeld

DR. AGATHA BUSLEI-WUPPERMANN
Dipl.-Ing. Architektin und Autorin, Düsseldorf

UNIV.-PROF. FRIEDRICH KURRENT
Architekt, Wien

DIPL.-ING. MARTIN STRUCK
Architekt, Erzdiözesanbaumeister, Köln

Allen Beteiligten wird für ihre engagierte Mitarbeit sehr herzlich gedankt, die im Jahre 2011 eine 1. Auflage dieser Sonderedition ermöglichten.